초보자를 위한

몽골어-한국어

Монгол-Солонгос

김학선 저

1945

문예림

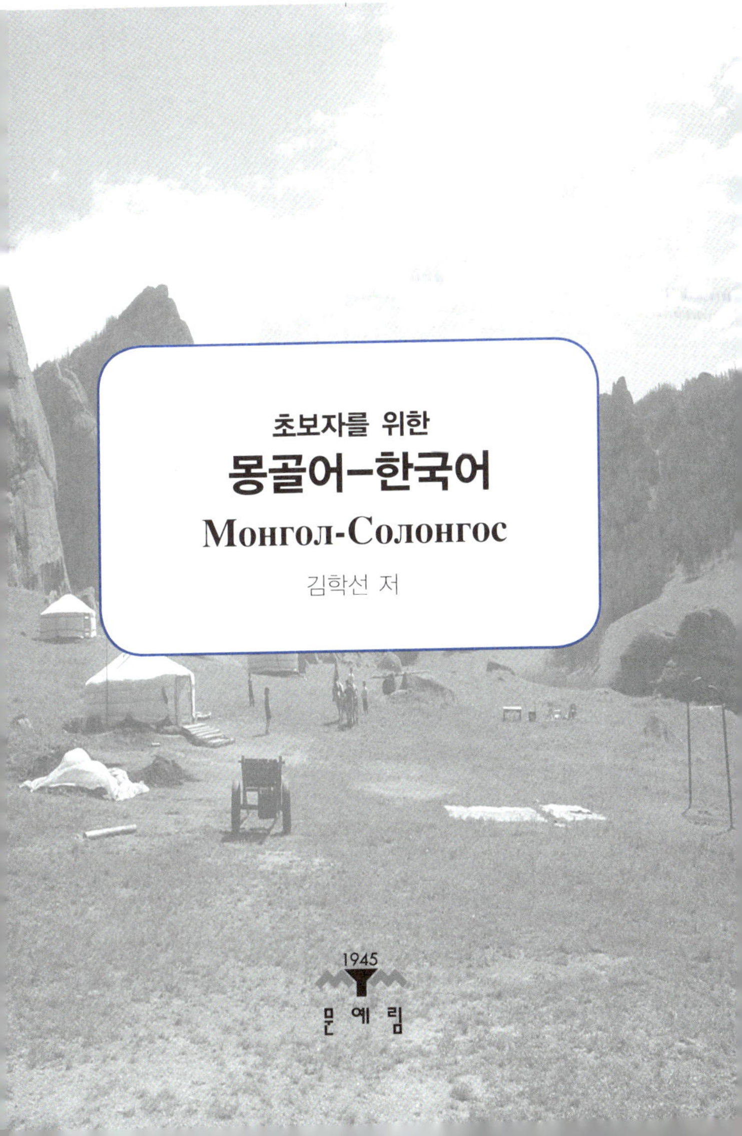

초보자를 위한

몽골어-한국어 단어장

초판 인쇄 : 2011년 3월 20일
초판 발행 : 2011년 3월 25일
저　　자 : 김 학 선
발 행 인 : 서 덕 일
발 행 처 : 도서출판 문예림
등　　록 : 1962. 7. 12　제2-110호
주　　소 : 서울시 광진구 군자동 1-13 문예하우스 101호
전　　화 : (02)499-1281~2
팩　　스 : (02)499-1283
http://www.bookmoon.co.kr, www.ebs.co.kr
E-mail:book1281@hanmail.net

ISBN 978-89-7482-565-2 (13790)

*저자와 협의에 의해 인지를 생략합니다·

　한국과 몽골이 1990년 3월 26일 정식 수교를 한 이후 몽골과 한국 간의 교류가 지속적으로 활발해져 가면서, 몽골어를 배우려는 한국인 또한 그 숫자가 날로 늘어가고 있습니다. 수교 20년이 넘어가는 지금 몽골에 거주하는 한국교민은 3000명 내외로 증가하였고 해마다 사업, 교육, 선교 등 다양한 목적의 방문객이 점점 늘어나고 있는 반면 이들의 요구 수준을 충족시킬만한 몽골어 교재는 많지 않은 실정입니다. 이러한 시점에서 초급 몽골어 학습자를 위해 소지하기 간편한 몽한단어장을 기획하게 되었습니다.

　몽골어를 처음 접하는 학습자들에게 도움을 주고자 몽골어 밑에 한글로 발음을 표기해 놓았습니다. 되도록 토박이 화자의 발음에 가깝도록 노력하였습니다만 우리말 표기가 몽골어의 정확한 발음에 해당하지 않는 경우도 있을 수 있음을 밝혀둡니다. 부족하나마 몽골어 학습에 조금이라도 도움이 되기를 다시 한번 기원합니다. 공부하시다가 궁금한 점이나 의문점이 있으시면 제 메일(hakseon66@hanmail.net)로 연락을 주시면 감사하겠습니다. 성심성의껏 답변드리겠습니다.

김학선

차례

머리말	3	п	133
а	5	р	136
б	20	с	137
в	43	т	155
г	44	у	183
д	53	ў	195
е	66	ф	202
ё	67	х	203
ж	68	ц	241
з	72	ч	250
и	86	ш	256
к	90	э	269
л	92	ю	282
м	94	я	283
н	106		
о	118		
ө	125		

a

몽골어	발음	뜻
аав	아-우	아버지
ааг	아-그	진한, 힘
аагим	아-김	무더위
аадар	아-다르	거친
аадар бороо	아-다르 버러-	소나기
аажим	아-짐	천천히
аажимдаа	아-짐다-	점점
аажимдах	아-짐다흐	느리다
аалз	아-알쯔	거미
аалзны шулс	아-알쯔니 술스	거미줄
ааль	아일	성격
аар саар	아-르 사-르	이것저것
ааруул	아-로-올	아-로-올
аарц	아-르츠	아-르츠
аахилах	아-힐라흐	헐떡이다
ааш	아-쉬	성깔, 성질
ав	아우	사냥
авааль	아-왈	초혼의
аваачих	아와-치흐	가지고 가다
авах	아와흐	받다
авга ах	아왁 아흐	삼촌
авга эгч	아왁 에그치	고모

авгай 아내
아우가

авиа 소리
아워아

авлах 사냥하다
아울라흐

авилга 뇌물
애윌락

аварга 챔피언, 천하장사
아와락

аврагч 구원자, 은인
아와락치

аврах 구하다, 구원하다
아우라흐

авто 자동
압터

автобус 버스
압터보스

авхаалж 약삭빠른
아우하-알찌

авчрах 가지고 있다
압치라흐

авьяас 재능, 재주
아위야스

агаар 공기, 대기
아가-르

аглаг 미개척의
아글락

агнах 수렵하다, 사냥하다
아그나흐

агсрах 주정을 부리다
악스라흐

агт 말 거세마
악트

агуй 굴
아고이

агуу 위대한
아고-

агуулах 보존하다
아골-라흐

агуулга 내용, 주제
아골-락

агшин 순간
악싱

авсаархан 아담한, 편리한
압사-르항

агших 줄다, 줄어들다
악시흐

агшрах 진해지다
악시라흐

ад 악파
아트

адаг 종말
아따크

адар 천장
아따르

адгуус 짐승, 동물
아뜨고-스

адил 같은, 동일
아딜

адилхан 동일한, 똑같은
아딜항

адис 축복
아디스

адуу 말 거세마
아또-

адуучин 마부
아또-칭

аж амьдрал 삶, 생활
아즈 암드랄

аж ахуй 업, 산업
아즈 아호이

ажиглалт 관찰
아직랄트

ажиглах 주시하다
아직라흐

ажигч 눈치 있는
아직치

ажил 일, 노동
아질

ажил тарах 퇴근하다
아질 타라흐

ажил таслах 결근하다
아질 타슬라흐

ажиллах 일하다
아질라흐

адилтгах 대조하다, 비교하다
아딜트가흐

ажил эрхлэх 사업을 하다
아질 에르흘레흐

ажилтан 일꾼
아질탕

ажилчин 노동자, 근로자
아질칭

ажлын хөлс 급여, 보수
아질링 훌스

ажлын цаг 근무시간
아질링 착

ажээ 이었다
아제–

аз 운, 행운, 행복
아즈

аз болж 다행히
아즈 벌찌

аз жаргал 행복
아즈 자르갈

аз ээ 행운과 불행
아즈 에즈

азгүй 운이 없는
아즈구이

азтай 운이 좋은
아즈태

азарга 숫말
아즈락

ази 아시아
아지

айдас 공포
애다스

айл 집, 가정
애일

айлгах 겁주다
애일가흐

айлчин 손님, 방문객
애일칭

айлчлал 방문
애일칠랄

аймаар 무서운, 대단히
애마–르

аймаг (행정) 아이막, 도
애막

аажилсаг 부지런하다, 근면하다
아질삭

айдас хүрэх 두려워하다, 겁나다
애다스 후레흐

a

айраг 아이락, 마유주
애락

айх 두려워하다, 놀라다
애흐

академи 아카데미
아카데미

алаг 잡색의, 얼룩덜룩
알락

алаг морь 얼룩말
알락 머르

алах 죽이다, 살인하다
알라흐

алба 공무, 의무
알바

албан бичиг 공문서
알방 비칙

албан хаагч 공무원
알방 하-악치

алга 손바닥 , 없다
알라크

алгуур 천천히
알고-르

алд 길(길의 단위) 1.6 m
알드

алдаа 실수, 잘못, 오류
알다-

алдагдах 잃다
알닥다흐

алдар 성함, 존함
알다르

алдар нэр 명예
알다르 네르

албадах 강요하다, 강제하다
알브다흐

албан газар 공공기관, 관청
알방 가자르

албан татвар 세금, 조세
알방 타트와르

алгасах 지나치다, 건너뛰다
알락사흐

алдарт 유명한, 이름난
알다르트

алжаал 피곤, 피로
알자-알

алиа шог 농담, 풍자
알리아 셕

аливаа 임의, 어떤
알리와-

алим 사과
알림

алс 먼
알스

алт 금
알트

алх 망치
알흐

алхаа 걸음, 보조
알하-

алхам 걸음, 보폭
알흠

алхах 걷다
알하흐

аль 어느
알

ам 입, 말
암

ам ал дах 실언하다
암 알다흐

ам бүл 식구 , 가족
암 불

ам гарах 약속하다
암 가라흐

аалдах 잃다, 실수하다, 지다
알다흐

алмайрах 부주의하다, 경솔하다
알매라흐

алиа шогч 익살꾼, 개그매
알리아 셕치

алхам алхмаар 한 걸음씩
알흠 알흐마-르

a

ам сайтай 칭찬 받는
암 새태

ам цуурах 거짓말하다
암 초-라흐

амаа барих 후회하다
아마- 바리흐

амархан 쉽다, 용이하다
아마르항

амдах 가로막다
암다흐

америк 미국
아메리크

амжилт 성공, 달성
암질트

амиа хорлох 자살하다
아매 허를러흐

амилах 살아나다
아밀라흐

амин 생명의
아밍

амар 편안한, 안락한, 쉬운
아마르

амгалан 편온함, 안녕, 평안
암글랑

амжих 할 수 있다, 가능하다
암지흐

амиа бодогч 이기주의자
아매 버떡치

амны зугаа 군것질, 화제
암니 조가-

амь даатгал 생명 보험
앰 다-트갈

амьд 살아있는, 생명이 있는
앰드

аминчлах 친밀하다
아밍칠라흐

амраг 사랑하는 사람
아므락

амралт 휴식, 휴가
아므랄트

амрах 휴식하다, 쉬다
아므라흐

амсах 맛보다
암사흐

амт 맛
암트

амттай 맛있다
암트태

амтлагч 양념
암틀락치

амтлах 맛보다
암틀라흐

амь 생명, 목숨
앰

амь орох 살아나다
앰 어러흐

амь тавих 죽다
앰 타위흐

амь таслах 죽이다
앰 타슬라흐

амьд хүч 생존력
앰드 후치

амьдрал 생활, 인생, 삶
앰드랄

амьдрах 살다, 생활하다
앰드라흐

амьсгаа 호흡, 숨
앰스가–

амьсгаадах 숨이 자다
앰스가–다흐

анги 계급, 학급, 반, 학과
앵기

анги төрөл 종류, 분류
앵기 투를

анзааргүй 통찰력이 없는
안자–락귀

амьсгал 호흡, 숨
앰스갈

амьтан 동물
앰

ан 짐승
앙

анагаах 치료하다
안가-흐

анагаах ухаан 의학
안가-흐 오하-앙

анах 병이 낫다
아나흐

ангах 목마르다
앙가흐

ангижрах 해방되다
앵기지라흐

ангилал 분류
앵길랄

англи 영국
앵글

анд 신구, 종우
앙드

андгай 약속
안드가이

андуу 착각
안도-

андуурах 착각하다
안도-라흐

анзаарах 살펴 보다
안자-라흐

аних 눈을 감다
아니흐

анкет 이력서, 자기소개서
앙케트

араа 어금니 , 톱니바퀴, 기어
아라-

арвилах 절약하다, 아끼다
아르윌라흐

арга хэмжээ авах 조치를 취하다
아락 헴제- 아와흐

ануухан 젊어 보이는 아노-항	**анч** 사냥꾼 안치
анх 최초, 초보 앙흐	**ар** 등, 뒤 아르
анхаарал 주의 앙하-랄	**арааны шүлс** 군침 아라니- 슐스
анхаарах 주의하다 앙하-라흐	**арав** 십, 열 아랍
анхилам үнэр 향기 앙힐람 우네르	**арай** 조금, 좀더 겨우 아래
анхилах 향기가 나다 앙힐라흐	**арал** 섬 아랄

аргагүй 방법이 없다. 도리가 없다.
아락귀

аргадах 달래다, 위로하다
아락다흐

аргил 큰, 광대한 , 저음의
아르길

ард 국민, 백성, 뒤쪽, 뒤편, 북쪽
아르드

арзайх 뻣뻣하다, 오싹하다
아르재흐

ариутгах 소독하다, 살균하다
아료트가흐

арвин 풍부한
아르윙

арвич хүн 약한 사람
아르위치 훈

арга 방법
아락

арга самбаа 재치
아락 삼바-

арга хэмжээ 대책
아락 헴제-

аргал 말린 소똥, 아르갈
아르갈

аргалах 방법을 찾다
아르갈라흐

ард түмэн 국민, 백성
아르드 투

ардчилал 민주주의
아르드칠랄

ардчилах 민주화하다
아르드칠라흐

ардчилсан 민주적인
아르드칠승

арилах 살아지다
아릴라흐

арилгах 벗기다, 지우다
아릴가흐

арилжаа 거래
아릴자-

арчаагүй 무력한, 약한, 게으른
아르차-귀

асгах 따르다, 흘리다, 쏟다
아스가흐

аспирант 부박사 과정의 학생
아스피란드

асрагч 유모, 보모, 간호원
아스락치

асуултын тэмдэг 물음표
아솔-팅 템덱

арилжих 거래하다
아릴지흐

ариун 거룩한, 숭고한
아룽

ариун цэвэр 순결
아룽 체웨르

ариутгал 소독, 살균
아료트갈

арслан 사자
아르슬랑

архаг 만성병, 만성 질환
아르학

архаг 큰, 거대한
아르학

архи 술, 주
아리흐

архив 자료, 보관소
아르힙

архичин 술꾼, 술고래
아리흐칭

арчих 닦다, 훔치다, 씻다
아르치흐

арчлах 보살피다, 돌보다
아르칠라흐

арьс 피부
아리스

арьсны өнгө 피부색
아리스니 웅그

арьстан 인종
아리스탕

арын хаалга 뒷문, 빽
아리-잉 하-알락

асуух 묻다, 문의하다, 질문하다
아소-흐

атаархах 부러워하다, 시샘하다
아타-르하흐

ахимаг 나이를 먹는, 늙은
아히막

ахлагч 장, 지도자, 책임자
아흘락치

асаагуур 라이터
아사-고-르

асаах 켜다, 불붙이다
아사-흐

асах 켜지다 , 오르다
아사흐

асрах 돌보다, 보살피다
아스라흐

асуудал 문제, 사고
아소-달

асуулт 질문
아솔-트

ат 거세된 낙타
이트

атаархал 질투
아타-르할

атар 황무지, 처녀지
아타르

атга 한줌, 소량
아탁

ачаа тээвэр 화물 운송
아차- 테-웨르

ашгүй 좋은, 잘 된, 때마침
아쉬귀

ашиг орлого 소득, 수입
아식 어를럭

ашиглах 이용하다, 사용하다
아식라흐

ашиглах заавар 사용법
아식라흐 자-와르

ашигт 유용하다, 쓸모 있는
아식트

ашигтай 쓸모 있는, 유용한
아식태

атгаг 나쁜 마음, 복수
아트각

атгах 쥐다, 움켜쥐다
아트가흐

атигар бие 왜소한 몸
아티가르 비

атийх 굽히다, 구부리다
아티–흐

атирах 주름지다
아티라흐

аугаа 위대한 , 웅장한
아과–

африк 아프리카
아프리크

ах 오빠, 형, 아저씨
아흐

ахих 전진하다, 오르다
아히흐

ахмад 선배, 고참, 선장
아흐마드

ахуй 생활, 삶
아호이

ац 갈퀴
아츠

ач 손자, 자손
아치

ачаа 화물, 짐
아차–

ачаар 덕분에
아차–르

ачигч 짐꾼
아칙치

ачих 싣다
아치흐

ачтан 은인
아치탕

ашиг 이익, 이득
아식

ашигт малтмал 광물
아식트 말트말

аянга дуугарах 벼락, 천둥이 치다
아양가 도–가라흐

аятайхан 기분이 좋은, 편한, 좋은
아이태흥

ашид 언제까지나
아시드

аюул 위험
아욜

аюулгүй 안전한
아욜귀

аюул осол 안전사고
아욜 어슬

аюулхай 명치
아욜해

ая 가락, 선율
아이

ая дуу 노래
아이 도-

аяар 조용히, 다음에
아야르

аяархан 조용히, 천천히
아야르항

аяга 공기, 컵, 잔
아약

аягалах 담다, 따르다
아약라흐

аялал 여행
아얄랄

аялах 여행하다
아얄라흐

аялга 억양
아얄락

аялгуу 운율, 방언
아얄고-

аян 여행
아잉

аян зам 여행길
아잉 잠

аяндаа 저절로
아잉다-

аяны шувуу 철새
아이니- 쇼워-

б

ба 와, 과
바

баавгай 곰
바-우가-

бааз 보통의, 야영지
바-ㅈ

баас 똥, 배설물
바-스

баасан 금요일
바-상

баах 똥을 누다, 배설하다
바-흐

баг 팀, 단, 가면, 탈
박

бага 작은, 적은, 어린
박

багадах 작아지다
박다흐

багаж 도구, 연정
바가지

багана 기둥
바근

багачууд 어린이들
박초-드

баглах 짜다, 포장하다
바글라흐

багс 솔, 브러시
박스

баатар 용사, 영웅, 용감한
바-타르

баатарлаг 용감한, 용기 있는
바-타를락

баашлах 인 체하다, 가장하다
바실라흐

багтах 들어가다, 포함되다
박타흐

багтаамж 용량
박탐-지

багтаах 넣다, 포함하다
박타-흐

багш 선생님, 스승
박시

багшлах 가르치다
박실라흐

багшрах 떼 짓다
박시라흐

бадаг 절, 후렴
바득

бадрах 빛나다, 번지다
바뜨라흐

баз 형부
바츠

базлах 쥐어 잡다
바즐라흐

бай 과녁, 상금
배

байт сур 양궁
배트 소르

байгаль 자연, 천연
배갈

байгаль орчин 환경
배갈 어르칭

байгуулал 기관, 조직
배고-올랄

багш нарын өдөр 스승의 날
박시 나링 우드르

базах 주무르다, 안마하다
바자흐

байгаль орчны яам 환경부
배갈 어르치니 얌

байгуулагч 창립자, 기획자
배고-올락치

байгуулах 세우다, 건설하다
배고-올라흐

б

байгуулалт 체계, 조직
배고-올랄트

байгуулага 기관, 단체
배고-올락

байдал 상태, 상황
배달

байз 기다려, 잠깐만
배쯔

байлдаан 전쟁, 싸움
배엘다-앙

Байлдагч 군인, 전사
배엘닥치

байн байн 자주
뱅뱅

байнга 늘, 언제나, 항상
뱅가

байр 주거, 주택, 집
배르

байр суурь 입장
배르 소-르

байрлах 위치하다
배를라흐

байршил 위치
배르실

байх 있다, 존재하다
배흐

байцаа 양배추
배차-

байлдах 전쟁하다, 싸우다
배엘다흐

байтугай 말할 것도 없고
배토개

байж ядах 애타다, 초조해지다
배찌 야따흐

байцаах 조사하다, 감사하다
배차-흐

байж болзошгүй 있을 수 없는
배찌 벌저쉬귀

байцаагч 감사, 검사
배착-치

байшин 건물
베싱

бал 꿀, 연필심
발

бал сар 신혼여행
발 사르

балгаар 탓에
발가-르

балай 어리석은
발래

баланс 균형
발란스

балга 한 모금
발라

балгах 한 모금 마시다
발가흐

балет 발레
발레트

балиар 더러운, 미개한
발리아르

балиус 식칼, 부엌칼
발리오스

балай амьтан 어리석은 놈
발래 앰튼

балархай 막연한, 모호한
발라흐해

балбах 두들기다, 두드리다
발바흐

балрах 희미해지다, 무너지다
발르라흐

балчир багадаа 어릴 때에
발치르 박다-

бамбайх 부풀다, 팽창되다
밤배흐

баллах 발라흐	지우다	**банк** 방크	은행
баллуур 발로-르	지우개	**бантан** 반탕	미음, 죽
балмад 발마드	미친	**бантах** 반타흐	쩔쩔매다
балт 발트	도끼	**банш** 반시	반시, 작은 만두
балчир хүүхэд 발치르 후-헤드	유아	**бар** 바르	호랑이, 범
бамбай 밤배	방패, 갑상선	**бараа** 바라-	물건, 상품
бандан 반당	벤치	**бараа бологч** 바라- 벌럭치	수행원
банз 반즈	판자	**бараа сүүдэр** 바라- 수-데르	그림자
банзал 반잘	치마, 매춘부	**бараан** 바랑	어두운

бараглах
바락라흐   소실되다, 다하다

барааны саван
바라-니- 사왕   빨래 비누

барах
바라흐   끝내다, 치우다, 다하다

барag 거의, 대체로
바락

барагдашгүй 끝없는
바닉나쉬귀

барагцаах 대충, 대략
바락차-흐

барайлгах 찌푸리다
바랠가흐

барайх 인상을 쓰다
바래흐

барам 희생물
바름

барахгүй 할 수 없다
바라흐귀

баргар 음울한
바르가르

бардам 오만한
바르담

барзгар 울퉁불퉁한
바르즈가르

бариа 지압
배래

баривчлах 체포하다
배립칠라흐

баригдах 잡히다
배릭다흐

баригч 잡은 사람
배릭치

барилга 건설, 건축,건물
배릴락

барилгачин 건축가
배릴락칭

барилдаан 씨름
배릴당-

барилдах 씨름하다
배릴다-흐

бардамнах 자만하다, 거만하다
바르담나흐

баридлага 유대, 우정, 친선
배릴들락

баримтлах 추종하다, 준수하다
배림틀라흐

барилцах 마주 잡다
배릴차흐

барим 정도, 한뼘
배림

барим тавим 변덕스런
배림 태윔

барималч 조각기
배리말치

баримжаа 방향
배림자–

баримт 증거, 근거
배림트

бариул 손잡이
배룔–

бариулах 운전시키다
배룔라흐

барих 붙잡다, 쥐다
배리흐

баруун 서, 서쪽 , 오른쪽
바롱–

бархирах 소리 치다
배르히라흐

барьцаа 담보
배르차–

барьцаалах 전당잡히다
배르찰–라흐

бас 역시, 또한, 다시
바스

бат 단단하다, 강한
바트

баталгаа 확증
바틀가–

батга 여드름
바탁

бах 만족한
바흐

бахардах 기절하다
바하르다흐

бахархах 자랑하다
바하르하흐

басах 경멸하다, 별시하다
바사흐

батлах 증명하다, 인정하다
바틀라흐

бахдал 바흐달	즐거운
бацаг 바착	단식
бацаг барих 바착 배리흐	단식하다
бач 바치	속임수, 사기
бачимдуу 바침도-	빠른, 급한
бачуурах 바초-라흐	목이 메다
баян 바잉	풍부한, 부자
баян жил 바잉질	풍년
баян тансаг 바잉 탕슥	호화로운
баяр 바이르	기쁨, 즐거움, 명절
баярлах 바야를라흐	즐거워하다, 기뻐하다
баяртай 바야르태	즐거운, 기쁜, 안녕히가세요
баярлалаа 바야를라-	감사합니다, 고맙습니다
баяжих 바이지흐	풍부하게 되다, 부자가 되다
баялаг 바일락	자원, 부, 재산, 풍부한
бие засах газар 비 자사흐 가자르	화장실
бие хамгаалагч 비 함가-알락치	경호원

баясгалан 즐거움
바이스갈랑

баячууд 부자들
바이초-드

бейсбол 야구
베이스벌

бензин 가솔린, 휘발유
벤징

берлин 베를린
베를링

би 나, 저
비

библи 성경
비블

бид 우리들, 저희들
비뜨

бидон 양동이, 들통
비덩

бие 몸, 신체
비

бие даах 독립하다
비 다-흐

бие засах 완치하다
비 자사흐

бие султай 허약한
비 솔태

бие хүн 개인
비 훙

биеийн тамир 운동, 체육
비-잉 타미르

биелүүлэх 실행하다, 이루다
빌룰-레흐

билигийн улирал 음력
빌깅- 올리랄

битүүрэх 막히다, 가득 차다
비투-울레흐

битүүний өдөр 섣날, 그믐날
비투-니- 우드르

биеийн чадал 인력
비-잉 차딸

биелэх 실현하다
빌레흐

биений юм 월경, 생리
비니- 윰

биеэрхүү 튼튼한
비에르후-

биет 신체적
비트

биеэр 스스로, 몸소, 친히
비에르

биз дээ 지요
비즈 데-

бий 존재하다, 있다
비-

бий болох 생기다
비- 벌러흐

бийр 붓
비-르

бийрэн бичиг 서예
비-렝 비칙

билет 표, 입장권
빌레트

билиг 재능, 재주, 지혜
빌릭

билиг оюун 지혜
빌릭 어용

биеийн байцаалт 신분증
비-잉 배차-알트

бичгийн хэрэгсэл 문방구
비치기-잉 헤렉셀

бодлого 정책, 사고, 생각
버뜰럭

бодох 생각하다, 사고하다
버떠흐

бойжуулах 기르다, 사육하다
버죵라흐

биологи 생물학
비얼럭

бирж 거래소
비르찌

битгий 말다, 안
비트기-

битүү 닫힌, 꽉 찬
비투-

бичиг 글자, 문자
비칙

бичих 쓰다, 녹음하다
비치흐

болгоомж 신중, 주의, 조심
벌검-치

болгоомжтой яваарай 조심해 가세요
벌검-치태 야와-래

болзоо тогтоох 약속하다
벌저- 턱터-흐

болих 그만두다,중지하다, 멈추다
벌리흐

боловсон 예의 바른, 교양 있는
벌립성

боловсрол олж авах 교육을 받다
벌럽스럴 얼찌 아와흐

боловсролтой хүн 교양인
벌럽스럴태 훙

боловсролын яам 교육부
벌럽스럴링 얌

боловсрох 익다, 성장하다
벌럽스러흐

бичлэг 녹음
비칠렉

бичмэл 손으로 쓴, 원고
비치멜

бичээч 서기
비체-치

биш 아닌, 아니다
비시

биширэх 신봉하다 , 믿다
비시레흐

богд 성스러운, 신성한
벅트

богд хаан 성왕, 군주
벅트 항-

богино 단, 짧은
버긴

богино өмд 반바지
버긴 움드

бод мал 큰 몸집 가축
버뜨 말

бодис 물체
버띠스

бодит 실제, 사실
버띠트

бодит байдал 현실
버띠트 배닥

бодлогогүй 생각 없는
버뜰럭귀

бодол 생각, 개념,사고
버떨

бодь сэтгэл 동정심
버드 세트겔

бойжилт 성장, 발육
버질트

бол 은/는
벌

болгоомжлох 조심하다
벌거-엄질러흐

болгох 되게 하다
벌거흐

болзол 조건
벌절

болзоо 약속
벌저-

боловсруулах 익히다, 교육시키다
벌럽스로-올라흐

б

болзох 벌저흐	약속하다	**боов** 버-우	과자, 비스킷
боловсрол 벌럽스럴	교육, 교양	**боодол** 버-뜰	포장
боловч 벌럽치	불구하고, 하지만	**боол** 버-얼	노예, 종, 하인
бололтой 벌럴태	것 같다	**боолт** 벌-트	끈, 볼트
бололцоо 벌럴처-	가능성, 기회	**боомт** 범-트	항구
боломж 벌럼지	가능성	**боорлох** 버-를러흐	덤벼들다
боломжтой 벌럼지태	가능한	**боох** 버-흐	묶다, 매다
болох 벌러흐	되다	**бооцоо** 버-처-	내기
болхи 벌히	미련하다	**бор** 버르	갈색

Багш болох 박시 벌러흐   교사가 되다

бохир 버흐르   굽다, 휘다, 부러지다

бохир усны шугам 버흐르 오스니- 쇼감   하수도

бор шувуу 참새
버르 쇼-워-

боргох 젖다
버르거흐

бордоо 거름, 비료 , 사료
버르더-

бордох 비료를 주다
버르더흐

бороо 비
버러-

борооших 비가 잦아지다
버러-쉬흐

борц 말린 고기 , 육포
버르츠

босгох 일으키다, 새우다
버스거흐

босох 일어나다, 세우다
버서흐

боть 책, 권, 호
버트

бохир ус 하수
버흐르 오스

бохь 타르, 껌
버흐

бөгж 반지, 고리
북찌

бөглөө 마개
부글러-

бөглөрөл 막힘, 체중
부글럴

бөглөрөх 막히다
부글르루흐

бөмбөгдөх 폭탄을 떨어뜨리다
붐북드흐

бөмбөгөр 구, 모양의, 둥근
붐부그

бөмбөрцөг 공, 구, 지구본
붐부르측

бөөлжих 토하다, 구토하다
버-얼찌흐

бөглөх 부글르흐	막다, 덮다
бөгөөд 부거-드	과, 및, 그리고
бөгс 북스	하체, 엉덩이
бөгтөр 북투르	꼽추, 곱사등의
бөлцийх 불치-흐	눈이 붓다
бөмбөг 붐북	공, 폭탄
бөмбөр 붐부르	북
бөмбөрдөх 붐부르드흐	북을 치다
бөндгөр 분드그르	둥근
бөө 버-	무당
бөөм 버-엄	형구
бөөн 버-은	덩어리
бөөндөх 버-은드흐	도매하다
бөөний үнэ 버-니- 운	도매가격
бөөр 부-르	신장, 콩팥
бөөстөх 부-스트흐	이가 생기다
бөөний худалдаа 버-니- 호딸다-	도매
бөөрөнхий 부-릉히-	둥근, 둥그렇다
бөх 부흐	튼튼한, 씨름선수, 낙타의 혹
будах 보따흐	칠하다, 색칠하다, 염색하다, 화장하다

бөс бараа 직물, 옷감
부스 바라–

бөхийх 숙이다
부히–흐

бөхөх 망하다
부흐흐

бүг чөтгөр 귀신
복 추트그르

буга 사슴
복

буглаа 종기
보글라–

буглах 곪다
보글라흐

бугуй 손목
보고이

бугуйн цаг 손목시계
보고잉 착

будаа 곡식, 커닝하다
보따–

будаг 그림물감, 페인트
보딱

будан 안개
보땅

будда 불교
보따–

буддист 불교도
보띠스느

бүдлиан 혼란, 분쟁
보뜰랑

бужгар 곱슬곱슬한
보쯔가르

бузар 불결한, 더러운
보자르

бузар 아주, 몹시, 대단히
보자르

бузарлах 더럽히다
보자를라흐

буй 있다, 소유하다
보이

буйдан 소파
보이당

булаах 강탈하다, 빼앗다
볼라–흐

булаг 샘, 우물
볼락

булан 모퉁이
볼랑

б

булах 볼라흐	묻다, 숨기다	**буруу** 보로-	실수, 잘못
булгарах 볼가라흐	삐다	**буруу гар** 보로- 가르	왼손
булхай 볼해	부정, 속임	**бурхан** 보르항	불상, 신, 하느님
булш 볼시	무덤, 묘	**бус** 보스	아니다, 부, 비
булшлах 볼실라흐	매장하다	**бусад** 보사드	다른, 타인의, 남의
бум 봄	십 만	**бут** 보트	세게
бурах 보라흐	재잘거리다	**бутрах** 보트라흐	깨어지다
буржгар 보르쯔가르	곱슬곱슬한	**буу** 보-	총
бурзар 보르자르	주렁주렁	**буудагч** 보-딱치	사수
булхайцах 볼해차흐			속이다, 사기 치다
булгилах 볼길라흐			뛰다, 두근거리다
буруушаах 보로-샤-흐			꾸짖다, 야단치다

буудах 사격하다
보-따흐

буудлага 사격 발포
보-뜰릭

бууз 보즈, 만두
보-즈

буулгах 내리다
보-올가흐

бууралтах 백발이 되다
보-랄타흐

буух 내려가다
보-흐

бууц 야영지, 가축의 똥
보-츠

бухимдах 답답하다
보힌다흐

буцаах 반환하다
보차-흐

буцалгах 끓이다
보찰가흐

буцалгуур 주전자
보찰고-르

буцах 돌아가다
보차흐

бутлах 산산조각으로, 분쇄하다
보틀라흐

бурхан багш 부처, 석가모니
보르항 박시

буудал 호텔, 여관, 역, 정거장
보-딸

буурах 약해지다, 내려가다
보-라흐

буурал 저기압 , 쇠퇴, 회색
보-랄

бууруулах 내리다, 줄이다
보-롤-라흐

буцлах 끓다
보츨라흐

бушуухан 빨리
보쇼-흥

буюу 또는, 혹은
보요

буян 선, 선행, 덕
보잉

бүгд 전부, 일체, 모두
북트

бүгдээр 모두, 전부
북데-르

бүгчим 무더운
북침

бүдүүн 굵은 굵다
부뚱-

бүдэг 분명치 않는
부떽

бүжиг 춤, 댄스, 무용
부직

бүжиглэх 춤을 추다
부직레흐

бүжигчин 무용가
부직칭

бүл 이종, 사촌, 가족
불

бүлгэм 공동체, 동아리
불금

бүлэг 장, 단원, 집단
불릭

бүлэглэх 조직하다
불릭레흐

бүлээн 미지근한
불렝-

бүр 매우, 마다
부르

бүрдүүлэх 완성시키다
부르뚤-레흐

бүрдэх 완성되다
부르떼흐

бүгд найрамдах улс 공화국
북트내람다흐 올스

бүдүүлэг 미개한, 원시적인
부뚤-렉

бурий 해질 무렵
부리-

бүртгэл 증명서
부르트겔

бүртгэх 등록하다
부르트게흐

бүрхэг 흐린
부르헥

бүрхэх 덮다, 흐려지다
부르헤흐

бүрэг 수줍어하는
부렉

бүрэлгэх 파괴하다
부렐게흐

бүрэн 전부, 완전
부렝

бүрэх 덮다
부레흐

бүрээ 나팔
부레-

бүрээс 지붕 덮개
부레-스

бүс 띠
부스

бүсгүй 여성
부스귀

бүслэлт 포위
부슬렐트

бүрэлдэхүүн 구성, 구조
부렐데후-웅

бүтэн сайн өдөр 일요일
부텡 생 우드르

бүтэх 실현하다, 완성되다
부테흐

бүтээх 수행하다, 이루다
부테-흐

бэлтгэх 준비하다, 훈련시키다
벨트게흐

б

бүсэлхий 부셀히-	띠를 두르다	**бүтээл** 부텔-	창조, 생산
бүтэл 부텔	성공	**бүтээлч** 부텔-치	창조적인
бүтэлгүй 부텔귀	불운의	**бүтээлэг** 부텔-렉	덮개, 보
бүтэлтэй 부텔테	성공적인	**бүү** 부-	안, 마라
бүтэмж 부템지	성공	**бүү хэл** 부- 헬	말하지 마라
бүтэн 부텡	온통, 완전	**бүх** 부흐	모두, 전부
бүтэц 부테츠	구조	**бүхэл** 부헬	전체
бүтэшгүй 부테시귀	불가능한	**бүхэн** 부흥	전부, 모두

бэлэг дурсгал
벨렉 도르스갈

기념품

бэрхшээх
베르흐쉐-흐

곤란을 두려워하다

бэртэх
베르테흐

다치다, 상처를 입다

бяцлах
뱌츨라흐

조각내다, 뭉개다

б

бэ 요?, 까?
베

бэлгийн 성적
벨기–

бэлгэвч 콘돔
벨겝치

бэлдмэл 영양제
벨뜨멜

бэлдэх 준비하다, 갖추다
벨떼흐

бэлтгэл 준비
벨트겔

бэлчээр 방목지, 초지
벨체–르

бэлэг 선물
벨렉

бэлэглэх 선물하다
벨렉레흐

бэлэн 준비된 , 기성의
벨렝

бэлэн хувцас 기성복
벨렝 홉차스

бэлэн мөнгө 현금
벨렝 뭉그

бэр 며느리
베르

бэргэн 형수
베르겐

бэрх 곤란한, 어려운
베르흐

бэрхшээл 곤란
베르흐쉘–

бэх 먹, 잉크
베흐

бэхжих 강해지다
베흐지흐

бэхлэлт 요새
베흘렐트

бээжин 북경
베–징

бээлий 장갑
벨–리

бялдууч 아부, 아첨
뱔도–치

бялдуучлах 아부하다
뱔도–칠라흐

бялуу 케이크
뱔로–

бямба 토요일
뱜바

бяруу 두 살배기 송아지
뱌로-

бяслаг 치즈
뱌슬락

бяцрах 조각나다
뱌츠라흐

бяцхан 작은
뱌츠항

В

ваар 기와, 도자기
와-르

ваарчин 도공
와-르칭

вагон 열차
와겅

вакцин 예방주사
왁칭

вальс 왈츠
왈스

вальют 외화
왈요트

ван 왕, 군주
왕

вандан 벤치
완등

вандуй 콩, 완두
완도이

варень 잼
와렌

видео 비디오
비디어

виз 비자
비즈

винтов 소총
윈터우

вирус 병균
위로스

виски 양주
위스키

витамин 비타민
비타민

вокзал 역, 기차역
왁잘

волейбол 배구
월리벌

вьетнам 베트남
베트남

вэ 까?, 요?
웨

Г

гааль 갈-	세관
гаанс 간-스	담뱃대
гавшгай 갑시개	민첩한
гавьяа 가위야	공, 공훈
гавьят 가위야트	공로
гагнах 가그나흐	용접하다
гагцхүү 각추후-	오직
гадаа 가따-	밖
гадаад 가따-드	곁, 외국
гадаад улс 가따-드 올스	외국
гадагш 가딱쉬	밖으로
гадна 가뜬	밖, 외
гадуур 가또-르	밖
гадуурхах 가또-르하흐	따돌리다
гажиг 가직	결합, 이상
гажих 가지흐	굽다
гажуу 가조-	휘어진
гажуудал 가조-달	왜곡
газар 가자르	땅, 육지
засгийн газар 자스기-잉 가자르	정부
газар хөдлөл 가자르 후뜰를	지진
газарч 가자르치	안내원

газрын тос 석유
가자리-잉 터스

гай 불행
개

гайгүй 어려움이 없다
가이귀

гайтай 어려운
가이태

гайхалтай 놀라운
가-할태

гайхах 놀라다
가-하흐

гал 불
갈

галзуу 미친
갈조-

галлах 불을 피우다
갈라흐

галт 불붙는
갈트

галт тэрэг 기차
갈트 테렉

галуу 거위
갈로-

гамтай 절약한
감태

гамнах 아끼다
감나흐

ган 강철
강

ган 가뭄
강

гал тогооны өрөө 부엌
갈 터거-니- 우러-

галт тэрэгний буудал 기차역
갈트 테레그니- 보-딸

галын наадам 불꽃놀이
갈링 나-담

гамгүй 절약하지 않는, 헤픈
감귀

г

ганган 우아한, 세련된
강강

гандах 가뭄 들다
간다흐

гандан 사원
간등

гандуу 가뭄
간도-

гантиг 대리석
간틱

ганхах 흔들리다
간하흐

ганц 유일
간츠

ганц бие 독신
간츠 비

ганцаараа 혼자
간차-라-

гар 손, 팔
가르

гар барих 악수하다
가르 바리흐

гар хоосон 빈손
가르 허-성

гар хөрөө 톱
가르 후러-

гараа 시작, 순번
가라-

гариг 요일
가릭

гарах 나오다
가라흐

охин гарах 딸을 낳다
어힝 가라흐

гаргах 내보내다
가르가흐

гардах 손수하다
가르다흐

гарз 손해
가르즈

гадагш гарах 외출하다
가딱쉬 가라흐

осол гарах 사고가 나다
어설 가라흐

гарздах 낭비하다
가르즈다흐

гариг 요일
가리

гарлага 지출
가를락

гаруй 이상, 가량
가로이

гарц 건널목
가르치

гарцаагүй 틀림없이
가르차귀

гарчиг 목차, 제목
가르칙

гарын үсэг 서명, 사인
가링- 우섹

гаслах 울부짖다
가슬라흐

гатлах 건너다
가틀라흐

гахай 돼지
가해

гацаа 오지
가차

гацах 막히다
가차흐

гашлах 상하다
가실라흐

гашуудал 슬픔
가쇼-딸

гашуудах 슬프다
가쇼-따흐

гашуун 쓰다
가숑-

гийгүүлэгч 자음
기-굴-렉치

гийгүүлэх 비추다
기-굴-레흐

гимнастик 체조
김나스틱

осол аюул гаргах 사고를 내다
어설 아욜 가르가흐

гарын авлага 참고서, 교재
가링- 아울락

Г

гишгэх 기쉬게흐 — 밟다, 디디다

гишүүн 기슝– — 회원

говь 고비 — 사막, 고비사막

гоё 고이 — 미려한, 아름다운

гоёл 고일 — 장식

гоёмсог 고염슥 — 아름다운

гоёх 고이흐 — 치장하다

гойд 고이드 — 아주

гоймон 고이멍 — 국수

гол 골 — 강, 하천

гол гудамж 골 고땀지 — 중심가

голдуу 골또– — 주로, 대체로

голлох 골러흐 — 중심에 있다

гологдол 골럭덜 — 불량

голомт 골럼트 — 아궁이, 근원지

голох 걸러흐 — 싫어하다

гомдол 곰덜 — 불평, 불만

гомдох 곰더흐 — 불평하다

гонсойх 공세흐 — 실망하다

гоо 고– — 아름다운

гоо сайхан 고– 새흥 — 미, 미용

гоожих 고–지흐 — 새어 나오다

гоёл чимэглэлийн зүйл 고일 치메글링– 주일 — 액세서리

гоо сайханы бараа 고– 새흐니– 바라– — 화장품

гоожуур 수도꼭지
고-조-르

гортиг 동그라미
고르틱

горхи 냇물
고르히

горьдлого 기대, 바람
고를럭

горьдох 기대하다
고르더흐

гоц 특별히
고츠

гоц авъяастан 영재
고츠 아워야스탕

гөлгөр 부드러운
굴그르

гөлийх 부드럽다
굴리히

гөлөг 강아지
굴륵

гөлөглөх 새끼를 낳다
굴륵르흐

гөлөм 안장깔개
굴름

гөлрөх 응시하다
굴르흐

гөрөөс 영양
구르-스

градус 도
그라도스

грамм 그램
그람

гуай 씨
괘

гуанз 식당
관즈

гудайх 고개를 숙이다
고때흐

гудамж 도로, 길
고땀지

гудас 요
고따스

гуйвах 흔들리다
고이와흐

гуйлга 구걸
고일락

гуйлгачин 거지
고일가칭

Г

гуйх 고이흐	구하다
гулгах 골가흐	미끄러지다
гулгуур 골고-르	스케이트
гунганах 곤가나흐	울다
гуниг 고닉	슬픔
гуниглах 고닉라흐	슬퍼하다
гурав 고랍	삼, 셋
гурил 고릴	밀가루
гутаах 고타-흐	훼손하다
гутал 고탈	신발, 구두
гуталчин 고탈칭	제화 업지
гуу 고-	도랑

гуч 고치	서른, 삼십
гуя 고이	허벅지
гүвэх 구웨흐	털다
гүзээлзгэнэ 구제-엘즈겡	딸기
гүйдэл 귀델	달리기
гүйлс 귈스	살구
гүйлт 귈트	달리기
гүйх 귀흐	달리다
гүйцэх 귀체흐	쫓아가다
гүн 궁	깊이
гүн ухаан 궁 오항-	철학
гүнж 궁지	공주

гүрэн 구릉	국가	**гэж** 게찌	라고
гутгэлэг 구트겔렉	애곡	**гэзэг** 게젝	변발
гутгэх 구트게흐	왜곡하다	**гэлгүй** 겔귀	구별 없이
гүү 구-	암말	**гэм** 겜	잘못, 죄
гүүр 구-르	다리	**гэмгүй** 겜귀	무죄
гэвч 겝치	그러나, 하지만	**гэмт** 겜트	유죄
гэгч 겐치	라고	**гэмт хэрэг** 겜트 헤렉	범죄
гэгээ 게게-	빛, 불빛	**гэмтэл** 겜텔	부상
гэгээн 게겡-	밝은	**гэмтэх** 겜데흐	상처 나다
гэгээрэл 게게-렐	계몽	**гэмших** 겜쉬흐	후회하다
гэдэс 게떼스	배, 복부	**гэнэн** 게넹	순진한
гэгдэх 겍데흐			라고 하다, 이른바

г

51

гэнэт 겐트	갑자기	**гэрээслэх** 게레-슬레흐	유언하다
гэр 게르	게르, 집	**гэтэл** 게텔	이지만
гэр бүл 게르 불	가족	**гэтэх** 게테흐	몰래 다가가다
гэргий 게르기-	사모님	**гэх** 게흐	등등
гэрлэлт 게를렐트	결혼	**гэх мэт** 게흐 메트	라고 하다
гэрлэх 게를레흐	결혼하다	**гээх** 게-흐	잃다
гэрчилгээ 게르칠게-	증명서	**гялайлаа** 걀랠라-	감사합니다
гэрчлэх 게르칠레흐	증명하다	**гялайх** 걀래흐	반짝이다
гэрэл 게렐	빛, 광명	**гялалзах** 걀랄자흐	빛나다
өдрийн гэрэл 우드링- 게렐	형광등	**гялбах** 걀바흐	눈이 부시다
гэрэл зураг 게렐 조락	사진	**гялгар** 걀가르	반짝이는
гэрээ 게레-	계약, 조약	**гялгар уут** 걀가르 오-트	비닐봉지

Д

даавар 다-와르	호르몬
даавуу 다-오-	면, 천
даага 다-그	두 살배기 망아지
даалгавар 달-가와르	과제
даалгах 달-가흐	과제을 주다
даам 다-암	바둑
даанч 단치	정말
даарах 다-라흐	얼다, 떨다
даатгал 다-트갈	보험
даатгах 다-트가흐	맡기다
даах 다-흐	참다
даац 다-츠	적재량
даваа 다와-	고개
давах 다와흐	넘다
давс 다우스	소금
давслах 답슬라흐	소금을 절이다
давстай 답스태	짜다
давтан 답틴	복습
давтах 답타흐	반복하다
давтлага 답틀락	연습
давуу 다오-	뛰어난
давхар 답하르	이중, 두 배

давхрага 층
답흐락

давхарлах 포개다
답하를라흐

давших 전진하다
답쉬흐

дагалт 수행원
다갈트

даган 따라
다긍

дагах 따르다
다가흐

дагнах 혼자하다
다그나흐

дагуу 따라서
다고-

дадах 익히다
다따흐

дадлага 훈련
다뜰락

дажгүй 괜찮다
다찌귀

дайлах 대접하다
댈-라흐

дайн 전쟁
댕

дайралт 습격
대랄트

дайрах 만나다
대라흐

дайсан 적
대승

дайчин 전사
대칭

дайчлах 동원하다
대칠라흐

давхраатай нүд 쌍꺼풀눈
답흐라-태 누드

дайтах 싸우다, 전쟁하다
대타흐

далай лам 큰스님, 달라이라마
달라이 람

дал 일흔
달르

далавч 날개
달라치

далай 바다
달라이

далбай 깃발
달배

далд 숨겨진
달드

далдлах 숨기다
달들라흐

далдуур 비밀리에
달도-르

далим 좋은 기회
달림

далимд 김에
달림드

дам 간접적으로
담

дамардах 북을 치다
다마르다흐

дамжаа 학원
담자-

дамжих 통과하다
담지흐

дамжуулах 전해 주다
담졸-라흐

дан 단, 단독
당

дандаа 늘, 항상
당다-

данс 장부, 구좌
당스

данх 주전자
당흐

данхгар 짱구
당흐가르

дараа 다음
다라-

дараалал 순서
다라-랄

дараалан 연달아
다라-랑

дамын худалдаа 중개업
다밍 호딸다-

Д

дараахь 다음의 다라-흐	**дархан** 대장장이, 신성한 다르항
даралт 압력 다랄트	**дархлал** 면역성 다르흘랄
дарах 누르다 다라흐	**дархлах** 연장을 만들다 다르흘라흐
дарга 장,대표,지도자 다락	**дарь** 화약 다르
даргалах 지도자가 되다 다르갈라흐	**дасал** 습관 다슬
дарлал 박해 다를랄	**дасах** 익숙해지다 다사흐
дарлах 박해하다 다를라흐	**дасгал** 연습 다스갈
дармал бичиг 인쇄체 다르말 비칙	**дасгалжуулагч** 코치 다스갈졸락치
дарс 과실주 다르스	**дасгах** 적응시키다 다스가흐
даруу 온순 다로-	**дахиад** 다시, 또 다햐드
даруухан 겸손 다로-항	**дахин** 재차 다힝
дасгалжуулах 다스갈졸라흐	훈련시키다

давтагдах 반복되다
답탁다흐

дахих 되풀이하다
다히흐

дацан 사원학교
다층

дашрам 원인
다쉬람

демократ 민주주의
데모크라트

диван 소파
디왕

диваажин 천국
디와-징

дизайнер 디자이너
디자이네르

дизель 디젤
디젤

дийлдэх 지다
딜데흐

дийлэнх 대부분
딜렝흐

дийлэх 승리하다
딜레흐

динозавр 공룡
디노자와르

диплом 졸업증서
디플롬

дипломат 외교
디플로마트

диссертаци 학위논문
디세르다치

довтлох 공격하다
덥틀러흐

довтолгоо 공격
덥틀거

догдлох 흥분하다
덕들러흐

доголон 절름발이
더글렁

доголох 절다
더글러흐

догшин 사납다
덕싱

доктор 박사
덕터르

долгилох 파도치다
덜길러흐

Д

долгион 덜기엉	파도
долигонох 덜릭너흐	아부하다
доллар 덜라르	달러
долоо 덜러-	일곱, 칠
долоох 덜러-흐	핥다
дом 덤	마법
домбо 덤보	구리 주전자
домог 더먹	전설, 설화
домч 덤치	마술자
дон 덩	중독
донгио 덩기어	둔한
донгодох 덩거더흐	벌을 주다
донж 던지	맵시
донти 던티	웅담
донтон 던텅	중독자
донтох 던터흐	중독 되다
доог 더-그	비웃음
доoглох 더-글러흐	비웃다
доогуур 더-고-르	아래
доош 더-쉬	아래쪽, 미만
доp 더르	밑
доргих 더르기흐	흔들리다
дордох 더르떠흐	약해지다
дорно 더른	동, 동쪽

дорнод 동쪽
더르너드

дорой 약하다
더래

доройтох 약해지다
더래티흐

дороможлох 모욕하다
더름질러흐

дотно 안, 내부
더튼

дотносох 친하다
더튼서흐

дотогш 안으로
더턱쉬

дотоод 안,내부
더터-드

дотоож 속옷
더터-지

дотор 안, 내부
더터르

дотуур 안, 속
더토-르

дотуур байр 기숙사
디도 그 베그

дотуур хувцас 내의
더토-르 홉차스

дохио 신호, 기호
더혀

дохиолол 경보
더혈럴

дохих 신호하다
더히흐

дөжрөх 무관심하다
두지리흐

дөл 불꽃
둘

дөлгөөн 고요한
둘구-응

дөнгөж 겨우
둥그찌

дөнгөн данган 간신히
둥긍 당강

дугуйлах 동그라미를 그리다
도괼라흐

дөрвөлжин 네모, 사각
두르블징

дөрөв 넷, 사
두릅

дөрөө 등자
두루

дөхөх 접근하다
두흐흐

дөч 마흔, 사십
두치

драм 연극, 드라마
드람

дув 완전히
도우

дугаар 번, 번호
도가-르

дугаарлах 줄서다
도가-를라흐

дугтрах 당기다
독트라흐

дугтуй 봉지
독퇴

дугуй 둥글다
도괴

дугуйлан 동아리
도괼랑

дулаалах 따뜻하게 하다
돌랄-라흐

дулаан 온도, 난방
돌랑

дулаарах 따뜻해지다
돌라-라흐

дулаахан 따뜻한
돌라-항

дулимаг 대충
돌리막

дунд 중, 중간
동드

дундад 평균, 중간
동다드

дундад зууны үе 중세
동다드 조-니- 우이

дуртай дургүй 좋든 싫든
도르태 도르귀

дундаж 평균
동다찌

дундуур 반쯤
돈도-르

дур 마음, 욕망
도르

дураар 제 마음대로
도라-르

дуран 망원경
도릉

дургүй 싫다, 싫어하다
도르귀

дургүйцэх 싫어하다
도르귀체흐

дурдатгал 추억, 회상
도르다트갈

дурдах 회상하다
도르따흐

дурлах 좋아하다
도를라흐

дурсах 회상하다
도르사흐

дурсгал 추억
도르스갈

дурсгалт 기념이 되는
도르스갈트

дуртай 좋아하다
도르태

дусаах 떨어뜨리다
도사-흐

дусал 물방울
도살

дусах 똑똑 떨어지다
도사흐

дутагдал 부족
도특달

дутагдах 부족하다
도특다흐

дутах 모자라다
도타흐

дутмаг 부족하다
도트막

дутуу 덜 된
도토-

дуугарах 울리다, 말하다
도-가라흐

дутуудах 도토-다흐	모자라다
дуу 도-	소리, 노래
дуу бичлэг 도 비칠렉	녹음
дуудах 또-다흐	부르다
дуудлага 또-들락	호출
дуулах 똘라흐	노래하다
дуулдах 똘다흐	들리다
дуулиан 똘리앙	소문
дууриалал 또-랴랄	본보기
дууриамал 또-랴말	모조
дууриах 또-랴흐	본받다
дуурь 되-르	오페라
дуусах 또-사흐	끝나다
дуусгах 또-스가흐	끝내다
дуучин 또-칭	가수
дух 도흐	이마
дүгнэлт 두그넬트	결론
дүгнэх 두그네흐	결론 짓다
дүйх 뒤흐	일치하다
дүлий 둘리-	귀머거리
дүн 둥	결산, 성적
дүнгэнэх 둥그네흐	웡웡거리다
дүрсгүй 두르스귀	형태가 없는, 개구쟁이

дүр 두르	외형, 외견	**дүүргэх** 두-르게흐	꽉 차다
дүрс 두르스	모습, 동영상	**дүүрэг** 두-넉	구역, 구
дүрс бичиг 두르스 비칙	한자	**дүүрэн** 두-렝	가득한
дүрслэл 두르슬렐	묘사	**дүүрэх** 두-레흐	가득 차다
дүрслэх 두르슬레흐	묘사하다	**дэвсгэр** 뎁스게르	요, 침대보
дүрслэх урлаг 두르슬레흐 오를락	미술	**дэвсэх** 뎁세흐	깔다, 펴다
дүрэм 두름	규칙	**дэвтэр** 뎁테르	공책, 노트
дүү 두-	아우, 동생	**дэвтэх** 뎁테흐	스며들다
дүүжлэх 두-질레흐	걸다, 매달다	**дэвтээх** 뎁테-흐	적시다
дүүпүү 두-푸-	두부	**дэвүүр** 데우-르	부채

дэгдэх 이륙하다, 일어나다
덱데흐

дэд ерөнхийлөгч 부통령
데드 유릉히-륵치

дэвхцэх 깡충깡충 뛰다
뎁흐체흐

дэвшил 발전
뎁쉴

дэвшилт 발전
뎁쉴트

дэвших 나아가다
뎁쉬흐

дэвэх 부채질하다
데웨흐

дэгдээхэй 새끼 새
덱데-헤

дэглэм 체제
데글렘

дэглэх 안무하다
데글레흐

дэгтэй 행실 좋은
덱테

дэгээ 갈고리
데게-

дэгээдэх 고리에 걸다
데게-데흐

дэд 부, 대리
데드

дэл 갈기
델

дэлбэлэлт 폭발
델베렐트

дэлбэрэх 폭발하다
델베레흐

дэлгүүр 가게,상점
델구-르

дэлгэр 풍부한
델게르

дэлгэрэх 피다
델게레흐

дэлгэх 펴다
델게흐

дэлдэх 두드리다
델데흐

дэлсэх 치다
델세흐

дэлхий 세계, 지구
델히-

дэлхий дахин 온 세상
델히- 다힝

дэлэх 달개를 짓다
델레흐

дэм 도움
뎀

дэмжих 돕다
뎀지흐

дэмжлэг 후원
뎀질렉

дэмий 쓸데없는
데미-

дэндүү 너무
뎅두-

дэнс 저울
덴스

дэнслэх 저울질하다
덴슬레흐

дэр 배개
데르

дэрвэх 펄럭이다
데르웨흐

дэргэд 곁, 옆
데르게드

дэргэдэх 곁에 있다
데르게데흐

дэс 순서
데스

дээвэр 지붕
데-웨르

дээгүүр 위쪽으로
데 구 르

дээд 위, 상부
데-드

дээл 델
데-엘

дээр 위, 상부
데-르

дээрдэх 나아지다
데-르데흐

дээрэлхэх 창피를 주다
데-렐헤흐

дээрэм 강탈, 약탈
데-렘

дээрэмчин 강도
데-렘칭

дээш 위로
데-쉬

дээшлэх 올라가다
데-쉴레흐

д

e

евроази 유라시아
예우러아지

Европ 유럽
예우럽

егөөдөх 비꼬다
예구-드흐

ер 일반적으로
예르

ер 아흔, 구십
예르

ердийн 보통의
예르딩

ердөө 절대
예르더

ерөнхий 일반적
유릉히-

ерөнхийлөгч 대통령
유릉히-륵치

ерөнхийлөх 통솔하다
유릉힐-르흐

ерөөл 축원
유러-얼

ерөөс 절대로
유루-스

ерөөх 기원하다
유루-흐

ертөнц 세계, 우주
유르틔츠

ес 아홉, 구
유스

e

ё

ёгт 풍유의
역트

ёжтой 빈정거리는
여지디

ёзоор 뿌리
여저-르

ёо ёо 아야
여 여

ёолох 신음하다
열러흐

ёотон 각설탕
여텅

ёр 예감
여르

ёроол 밑, 바닥
여럴

ёс 예절
여스

ёс журам 에티켓
여스 조람

ёс зүй 윤리
여스 쥐

ёслол 예식
여스럴

ёслох 인사하다
여슬러흐

ёстой 예의가 있다, 해야 하다
여스터

ё

Ж

жааз 틀
자-즈

жаал 조금, 꼬마
자-알

жаахан 조금
짜-흥

жавар 찬바람
자와르

жавхаа 배짱
자우하-

жавхлан 위대
잡흘랑

жавшаан 호기
잡샹

жагсаал 행렬, 데모
작살

жагсаалт 목록
작살트

жагсах 정렬하다
작사흐

жад 창
자드

жадгар 끼는
자뜨가흐

жадлах 창으로 찌르다
자뜰라흐

жалга 골짜기
잘락

жам 법칙
잠

жан 장
장

жанжин 장군
장징

жар 예순, 육십
자르

жаргал 행복
자르갈

жаргалтай 행복한
자르갈태

жаргах 행복하다
자르가흐

живх 기저귀
집흐

живэх 가라앉다
지웨흐

жигд 골고루
직드

жигдрэх 통일하다
직드레흐

жигнүүр 저울
지그누-르

жигнэх 찌다
지그네흐

жигтэй 기이하다
직테

жигүүр 날개
지구-르

жигших 혐오하다
직쉬흐

жижиг 작은
지찍

жижиглэх 작다
지찍레흐

жижүүр 경비원, 수위
지쭈-르

жийнс 청바지
진스

жиих 뻗다
지-흐

жил 해, 년
질

жимс 과일
짐스

жин 무게
징

жингэнэх 울리다
진게네흐

жиндүү 쌀쌀하다
진두-

жиндэх 춥다
진데흐

жинхэнэ 정말
징헹

жиргэх 지저귀다
지르게흐

жирийн 보통
지링

жирэмслэлт 임신
지렘슬렐트

жирэмслэх 임신하다
지렘슬레흐

Ж

жирэмсэн 임신한
지렘승

жихүүн 찬
지후-웅

жич 다른
지치

жишиг 수준
지식

жиших 비교하다
지시흐

жишээ 예
지쉐-

жишээлэх 예를 들다
지쉘레흐

жишээлбэл 예를 들면
지쉘벨

жолоо 고삐
절러-

жолоодох 운전하다
절러-더흐

жолооч 운전사
절러-치

жоом 바퀴벌레
조-옴

жор 처방
저르

жорлон 화장실
저를렁

жороо 조랑말
저러-

жөтөө 질투
주투-

журам 질서
조람

журамлах 단속하다
조람라흐

журамт 충실한
조람트

журнал 출석부
조르날

жууз 가마
조-즈

жуулчин 관광객
졸칭

жуулчлал 관광
졸칠랄

жуулчлах 관광하다
졸칠라흐

жуулчны бааз 관광지
졸치니- 바-즈

жүүмалзах 미소 짓다
조-말자흐

жүжиг 연극
주찍

жүжиглэх 연기하다
수찍레흐

жүжигчин 배우
주찍칭

ж

З

за 네, 자
자

заавал 반드시, 꼭
자-왈

заавар 지시
자-와르

зааварлах 지시하다
자-와를라흐

зааг 경계
자-그

зааглах 한계를 정하다
자-글라흐

заазуур 식칼
자-조-르

заазуурдах 썰다
자-조-르다흐

заалгах 수업 받다
잘가흐

заалт 가르침
잘트

заам 멱살
자-암

заамдах 멱살을 잡다
잠다흐

заан 코끼리
자-앙

заах 가르치다
자-흐

заах арга 교수법
자-흐 아락

зав 여가
자우

заваан 얼빠진
자왕

завдах 하려고 하다
잡다흐

завсар 여가
잡사르

завсарлага 쉬는 시간
잡사를락

завхайрах 방탕하게 살다
자우해라흐

завсарлах 잠깐 쉬다
잡사를라흐

завхай 방탕한
자우해

завхрал 왜곡
자우흐랄

завхрах 왜곡하다
자우흐라흐

завшаан 행운
잡샹

загас 물고기
자가스

загасчлах 낚시질하다
자가스칠라흐

загатнах 가렵다
자가트나흐

загвар 유행
자그와르

загнах 꾸중하다
자그나흐

задгай мөнгө 잔돈
자뜨개 뭉그

ам задгай 수다스러운
암 자뜨개

задлах 뜯다
자들라흐

задрах 풀리다
자드라흐

зажлах 씹다
자즐라흐

зай 공간
재

зайдас 소시지
재따스

зайлах 행구다
잴라흐

зайлуулах 해고하다
잴롤라흐

зайлшгүй 절대적인
잴쉬구이

зайрмаг 아이스크림
재르막

зайтай 틈이 있는
재태

загвар өмсөгч 패션모델
자그와르 움슥치

залах 모시다
잘라흐

залгаа 솔기, 인접한
잘가-

залгамал 교착어
잘그말

залгамжлагч 후계자
잘감질락치

залгамжлах 상속하다
잘감질라흐

залгах 결합하다
잘가흐

залгилах 과음하다
잘길라흐

залгих 삼키다
잘기흐

залгуур 플러그
잘고-르

залилагч 사기꾼
잘릴락치

залилах 속이다
잘릴라흐

залруулга 각주
잘롤-락

залуу 젊은, 청년
잘로-

залуухан 젊은
잘로-항

залхаах 벌하다
잘하-흐

залхах 질리다
잘하흐

залхмаар 지겨운
잘흐마-르

залхуу 게으른
잘호-

заль 꾀
잘

зальхай 교활한
자르해

зам 길
잠

замбараа 질서
잠브라-

залхуурах 게으름을 피우다
잘호-라흐

замбараагүй 무질서
잠브라-구이

замрах 사라지다
잠라흐

замч 길잡이
잠치

зан 성격, 기질
장

занал 위협
자늘

заналт 가증스러운
자날트

занах 위협하다
자나흐

занга 계략
잔가

зангиа 넥타이
잔갸

зангидах 매다
잔기다흐

зангилаа 매듭
잔길라-

зангирах 얽히다
잔길라흐

зангүй 성격이 좋은
잔귀

зандалчин 도둑, 범죄자
잔달칭

зандрах 꾸짖다
잔드라흐

занчих 때리다
잔치흐

зааншил 관습
잔실

занших 익숙해지다
잔시흐

зар 알림
자르

зараа 고슴도치
자라-

зарагдах 시중들다
자락다흐

зарах 고용하다
자라흐

зарга 소송
자락

заргалдах 고소하다
자르갈다흐

З

зардал 자르딸	경비 , 지출	
зарим 자림	일부	
заримдаа 자림다–	가끔	
зарлага 자를락	비용	
зарлал 자르랄	광고	
зарлах 자를라흐	알리다	
зарлиг 자를릭	명령	
зарц 자르치	하인	
зарцуулах 자르촐라흐	소비하다	
зарчим 자르침	원칙	
засаа 자싸–	불알	
засаг 자승	정부	

засал 자슬	치료
засах 자사흐	고치다
засвар 자쓰와르	수선
засварлах 자쓰와를라흐	고치다
засгийн газар 자쓰깅 가자르	정부
засмал 자쓰말	포장 된
засрах 자쓰라흐	개선하다
застав 자쓰탑	초소
зах 자흐	변두리
зах 자흐	깃
зах 자흐	시장
захиа 자햐	편지

захиалах 주문하다
자히알라흐

захиалга 주문 , 예약
자히악락

захидал 편지
자히달

захирал 장
자히랄

захирамж 명령
자히람지

захирах 지배하다
자히라흐

захиргаа 관리, 지배
자히르가-

захих 부탁하다
자히흐

заяа 운명, 팔자
자야

заяах 예정되다
자야흐

зовлон 괴로움, 고통
저울럼

зовхи 눈꺼풀
저위흐

зогисох 딸꾹질하다
저그서흐

зогсолт 정지
적설트

зогсоо 서다
적서-

зогсоол 주차장
적설트

зогсох 멈추다, 그치다
적서흐

зодоглох 씨름하다
저득러흐

засал чимэглэл 장식, 인테리어
자슬 치멕렐

зовох 염려하다, 걱정하다
저워흐

зодог 몽골 씨름복의 상의
저득

з

зодолдох 저들더흐	싸우다	**зоог** 저-그	식사
зодоон 저떵	싸움	**зооглох** 저-글러흐	드시다
зодох 저떠흐	때리다	**зоорилох** 저-릴러흐	저장하다
зол 절	행운	**зоос** 저-스	동전
золбоо 절버-	열정	**зоох** 저-흐	박다
золгох 절거흐	세배하다	**зориг** 저릭	용기
золгүй 절귀	인품이 없는	**зоригжих** 저릭지흐	용기를 얻다
золигүй 절리귀	부도덕한	**зоригжуулах** 저릭졸라흐	격려하다
золиос 절리어스	희생	**зориглох** 저릭러흐	용기 내다
зомгол 점걸	조각	**зоригтой** 저릭태	용감한
зонхилох 정힐러흐			대다수를 차지하다
зоогийн газар 저-길 가자르			음식점

зорилго 목적
저릴럭

зорилт 목표
저릴트

зориуд 고의로
저료드

зориулах 지향하다
저료라흐

зорих 노력하다
저리흐

зорчигч 승객
저르칙치

зорчих 여행하다
저르치흐

зохилдох 일치하다
저힐더흐

зохиомж 조화
저혐지

зохимжтой 적당한
저힘지터

зохиогч 작가, 저자
저혁치

зохиол 저작, 작품
저혈

зохиолч 작가
저혈치

зохистой 알맞음
저히스테

зохих 맞다
저히흐

зохицох 합의하다
저히처흐

зочин 손님
저칭

зочид 손님들
저치드

зочид буудал 호텔
저치드 뽀-달

зочлох 방문하다
저칠러흐

зөв 올바른
줍

зөвлөгөө 조언
주을거

зөвлөгч 고문
주을륵치

зөвлөл 협회
주을를

з

зөвлөх	주을르흐	상담하다
зөвхөн	주훙	단지
зөвшөөрөл	줍슈-를	허락, 허가
зөвшөөрөх	줍슈르흐	허락하다
зөгий	주기-	벌
зөгийн бал	주깅 발	벌꿀
зөгнөх	주그느흐	예감을 갖다
зөн	중	예감
зөнгөөр	중구-르	그대로
зөндөө	준더-	많은
зөнөглөх	주누글르흐	노망이 들다
зөнч	준치	예언자
зөөг	주-그	식은
зөөлөн	주-을릉	부드러운
зөөлрөх	주-을르흐	부드러워지다
зөөх	주-흐	나르다
зөрлөг	주를럭	교차로
зөрөг	주륵	건널목
зөрөлдөөн	주를등	불화
зөрөө	주루-	차이
зөрөх	주르흐	엇갈리다
зөрүү	주루-	엇갈린
зөрүүд	주루-드	고집이 센
зөрчил	주르칠	위반

зөрчих 위반하다
주르치흐

зугаалах 산보하다
조갈라흐

зугаалга 소풍
조갈륵

зугтах 도망가다
족타흐

зуд 재해
조드

зузаан 두꺼운
조장

зузаарах 두꺼워지다
조자-라흐

зулгаах 뽑다
졸가-흐

зулгуйч 아침꾼
졸괴치

зулзага 새끼
졸작

зумлах 데다
좀라흐

зун 여름
종

зуны амралт 여름방학
조니 아므랄트

зураас 줄, 선
조라-스

зураач 화가
조라-치

зураг 그림
조락

зурагт 사진이 있는
조락트

зурагт 텔레비전
조락트

зурагтай ном 그림책
조락태 넘

зурагчин 사진가
조락칭

зурам 땅 다람쥐의 일종
조람

зурах 그리다
조라흐

зургаа 여섯, 육
조르가-

зусар 아침
조사르

з

зусардах 조사르다흐	아첨하다	**зуучлах** 조-칠라흐	중매하다
зуслан 조슬랑	여름집, 별장	**зууш** 조-쉬	안주, 반찬
зутан 조탕	죽	**зүг** 죽	방향
зуу 조-	백	**зүггүй** 죽귀	장난꾸러기
зуун 조-옹	세기	**зүглэх** 주글레흐	겨누다
зууван 조-왕	타원	**зүдрэх** 주드레흐	지치다
зуур 조-르	순간	**зүдрээх** 주뜨레-흐	지치게 하다
зуурах 조-라흐	반죽하다	**зүй** 주이	규칙, 이치
зуух 조-흐	물다	**зүйл** 주일	종류
зуух 조-흐	난로	**зүйр** 주이르	비유
зууч 조-치	중매	**зүйр цэцэн үг** 주이르 체첸 욱	속담
зүгээр 주게-르			그냥, 괜찮은, 공짜로

зүйрлэх	주이를레흐	비유하다
зүйтэй	주이테	옳은
зүлгэх	줄게흐	닦다
зүлэг	줄렉	잔디밭
зүрх	주르흐	심장
зүрхлэх	주르흘레흐	용기를 내다
зүрхшээх	주르흐쉐-흐	겁먹다
зүс	주스	안색
зүсэм	주셈	조각
зүсэх	주세흐	자르다
зүтгэл	주트겔	노력
зүтгэлтэн	주트겔텡	활동가
зүтгэх	주트게흐	노력하다
зүү	주-	바늘
зүүд	주-드	꿈
зүүдлэх	주-들레흐	꿈을 꾸다
зүүлт	줄트	복걸이
зүүн	주-웅	동쪽
зүүх	주-흐	끼다
зүхэх	주헤흐	욕하다
зэв	제우	녹
зэврэх	제우레흐	녹이 슬다
зэвсэг	젭섹	무기
зэвсэггүй	젭섹귀	비무장

зэвсэглэх 무장하다
접섹레흐

зэвсэгт 무장한
젭섹트

зэвүү 메스꺼움
제우-

зэвүүн 넌더리나는
제웅

зэвүүцэх 질리다
제우-체흐

зэвхий 창백한
제우히-

зэгс 갈대
젝스

зэл 밧줄
젤

зэлүүд 황무지
젤루-드

зэмлэл 꾸지람
젬렐

зэмлэх 꾸짖다
젬레흐

зэмсэг 도구
젬섹

зэргэлдээ 이웃
제르겔데-

зэрлэг 야생의
제를렉

зэрлэг цэцэг 야생화
제를렉 체첵

зэрэг 지위, 등급
제렉

зэрэглээ 환상
제렉레

зэрэгцүүлэх 비교하다
제렉출레흐

зэрэгцэх 비슷하다
제렉체흐

зэрэгцээ 평행한
제렉체-

зэрэгцээгээр 동시에
제렉체게-르

зэс 구리
제스

зэрлэг амьтан 야생 동물
제를렉 아므탕

зэхэх 준비하다
제헤흐

зээ 조카
제-

зээл 대출
제-엘

зээлдүүлэгч 채권자
젤둘렉치

зээлдэгч 채무자
젤덱치

зээллэг 융자
젤렉

зээлэх 빌리다
젤레흐

зээр 영양
제-르

зээрд 밤색
제-르드

з

И

ивэх 괴다
이웨흐

ивээл 보호
이웰

ивээх 베풀다
우웨-흐

ид 한창
이드

ид шид 마범
이드 시드

идэвхгүй 소극적
이듭흐귀

идэвхжих 적극성을 뛰다
이듭흐지흐

идэвхтэй 적극적인
이듭흐테

идэвхтэн 황동가
이듭흐텡

идэр 젊은
이데르

идэх 먹다
이데흐

идэш 식량
이데쉬

иж 세트
이즈

ижий 어머니
이지-

ижил 동일한
이찔

ийм 이와 같은
이-임

иймэрхүү 이런
이-메르후-

ийнхүү 이런 식으로
이-잉후-

ийш 이쪽으로
이-쉬

ийш тийш 이쪽저쪽으로
이-쉬 티-쉬

ил 명확한
일

ил захидал 엽서
일 자히달

ил тод 명백한
일 터뜨

илбэ 미술
일베

илбэчин 마술사
일베칭

илбэх 협력하다
일베흐

илгээлт 파견
일겔트

илгээмж 소포
일겜지

илгээх 보내다
일게-흐

илгээгч 방송인
일겐치

илжиг 당나귀
일직

илрүүлэх 밝히다
일루-울레흐

илрэх 밝혀지다
일레흐

илт 명백한
일트

илтгэгч 보고자
일트겐치

илтгэл 보고
일트겔

илтгэх 보고하다
일트게흐

илүү 여분
일루-

илүүдэл 과잉
일루뗄

илүүдэх 남다
일루떼흐

илчлэг 열량
일칠렉

илэрхийлэх 자백하다
일레르힐레흐

илрэх 나타내다
이르레흐

илэх 쓰다듬다
일레흐

имж 캥거루
임지

импорт 수입
임퍼르트

N

ингэ 인게	암컷 낙타
ингэх 인게흐	이렇게 하다
ингээд 인게-드	이와 같이
индекс 인덱스	색인
индүү 인두-	다리미
индүүдэх 인뚜-데흐	다리다
индэр 인데르	연단, 단상
инженер 인제네르	엔지니어
инээд 이네-드	웃음
инээлгэх 이넬게흐	웃기다
инээмсэглэл 이넴섹렐	미소
инээх 이네-흐	웃다
ир 이르	칼날
ирвэс 이르웨스	백호
иргэн 이르겡	시민
иргэншил 이르겡쉴	문명
ирлэх 이를레흐	칼을 갈다
ирмэр 이르메르	가장자리
ирүүлэх 이르-룰레흐	불러내다
ирэх 이레흐	오다
ирээдүй 이레-뒤	미래
исгэлэн 이스겔렝	시큼한
исгэх 이스게흐	발효시키다
итгэл 이트겔	믿음

итгэл алдах 신뢰를잃다
이트겔 알다흐

итгэлт 믿음지함
이트겔트

итгэмж 신용
이트겜지

итгэмжтэй 믿음직한
이트겜지데

итгэх 믿다
이트게흐

итгэшгүй 믿을 수 없는
이트게쉬귀

их 많은
이흐

их дэлгүүр 백화점
이흐 델구-르

их хурал 국회
이흐 호랄

ихсэх 늘다
이흐세흐

ихэвчлэн 대부분
이헵칠렝

ихэд 몹시
이헤드

ихэмсэг 거만한
이헴섹

ихэнх 대부분
이헹흐

ихэр 쌍둥이
이헤르

ихэрхэх 체하다
이헤르헤흐

ихэсгэх 늘리다
이헤스게흐

ихээхэн 상당한
이헤-헹

ичгүүр 부끄러움
이치구-르

ичимхий 수줍어하는
이침히-

ичих 부끄럽다
이치흐

иш 손잡이, 자루
이쉬

ишиг 염소 새끼
이식

ишлэх 손잡이를 달다
이쉴레흐

N

K

кааш 우유 죽
카-쉬

кабел 케이블
케블

кабин 조종석
카빈

кабинет 실험실
카비네트

казах 카자흐스탄
카자흐

календарь 달력
칼린다르

камер 독방
카메르

капитал 자본
카피탈

капитализм 자본주의
카피탈리즘

кармаа 주머니
카르마-

карт 카드
카르트

касс 계산대
카쓰

кассет 테이프
카세트

каталог 목록
카탈럭

католик 카톨릭
카털릭

кафе 카페
카페

квадрат 정사각형
콰드라트

кило 킬로그램
킬로

километр 킬로미터
킬로메트르

кино 영화
키노

кино найруулагч 영화감독
키노 내롤락치

кино од 영화 스타
키노 어뜨

кино театр 영화극장
키노 띠아트르

клуб 클럽
클룹

коллеж 대학
컬레지

комикс 만화
커믹스

комисс 위원회
커미스

коммунизм 공산주의
커모니즘

коммунист 공산주의자
커모니스트

компани 회사
컴파니

компьютер 컴퓨터
컴퓨테르

консерв 통조림
컨세르비

консул 영사
컨솔

контор 사무실
컨터르

контракт 계약
컨트락트

коцерт 콘서트
컨세르트

корпораци 대기업
커르퍼라치

костьюм 예복
커스튬

кофе 커피
커페

крант 수도꼭지
크란트

кредит 신용
크레디스

курс 과정, 강좌, 학년
코르스

консерватори 음악 학교
컨세르와터르

к

Л

лаа 양초
라–

лааз 깡통
라–즈

лав 확실한, 꽉, 깊게
라우

лавай 조개
라웨

лавир 씨우개
라위르

лавс 눈송이
라우스

лавшрах 악화되다
라우쉬라흐

лаг 진흙, 대단하다
락

лагшин 건강
락싱

лазан 게으른
라증

лай 불행
래

лал 회교도
랄

лалын шашин 이슬람교
랄링 샤싱

лам 승려, 스님
람

лантуу 큰 쇠망치
랑토–

лантуудах 강요하다
랑토–올다흐

лекц 강의
렉츠

лийр 배
리–르

лимбэ 피리
림베

лимон 레몬
리몽

лавлах 문의하다, 안내서
라블라흐

литр 리터
리트르

логик 논리
러기

ломбо 봉합
럼버

ломбодох 때우다
럼버더흐

лоозон 슬로건
러-정

лөө лөө 헛되이
루-루-

луг луг 두근두근
록록

лугших 두근거리다
록쉬흐

луйвар 속임수
로이와르

луйвардах 속이다
로이와르다흐

лус 용왕
로스

лусын дагина 인어
로싱 다긴

луу 용
로-

лууван 당근
로-왕

луужин 나침반
로-징

луус 노새
로-스

лхагва 수요일
하욱

Л

М

маажих 마-지흐	긁다
маамуу 마-모-	아가
маанаг 마-낙	멍청한
маань 마-안	우리의
маасганах 마-슥나흐	집적거리다
магад 마가뜨	확실히
магадгүй 마가뜨귀	~지 모른다
магадлал 막들랄	심의
магадлах 막들라흐	심의하다
магнай 마그내	이마
магнайлах 막그낼라흐	선두에 서다
магтаал 막탈	찬사
май 매	여기 받아
майга 맥	안짱다리
майлах 맬래흐	울다
майхан 마이항	천막
мал 말	가축
малгай 말가이	모자
маллах 말라흐	기르다
малтах 말타흐	캐다
малтмал 말트말	광물
малчин 말칭	목자, 양치기

манаа 경비
마나-

манаач 경비원
마나-치

манай 우리
마내

манайх 우리의
마내흐

манан 안개
마능

манарах 흐려지다
마느라흐

манах 경비하다
마나흐

мангас 괴물
망가스

мандал 영역
만달

мандах 뜨다
만다흐

мандтугай 만세
만드토개

мандуулах 반전시키다
만돌라흐

Манж 만주
만즈

манжин 무
만징

манлай 으뜸
만래

манлайлах 선두에 서다
만랠라흐

мануул 야생 고양이
마놀

мануухай 허수아비
마노해

манхан 모래 언덕
망홍

манцуй 포대기
만초이

маргаан 논쟁
마르가-앙

маргааш 내일
마르가-쉬

манцуйлах 포대기에 싸다
만칄라흐

маргах 마르가흐	논쟁하다	**махлах** 마흘라흐	살이 찌다
марзагнах 마르자그나흐	주접떨다	**махрах** 마흐라흐	노력하다
марк 마르크	우표	**махруу** 마흐로-	열심인
маркетинг 마르케팅	마케팅	**махчилах** 마흐칠라흐	직역하다
мартамхай 마르탐해	건망증	**махчин** 마흐칭	육식동물
мартах 마르타흐	잊다	**махчин омог** 마흐칭 어문	식인종
мастер 마스테르	장인	**мацаг** 마측	단식
масло 마슬	버터	**мацах** 마차흐	기어 올라가다
массаж 마싸지	마사지	**маш** 마시	매우
мах 마흐	고기	**машин** 마싱	기계
махлаг 마흘락	살찐	**маяг** 마야그	형태
махлалт 마흘랄트	비만	**маяглах** 마야글라흐	내숭떨다

маягт 서류 양식
마약트

маягтай 가식적인
마약태

мебель 가구
메벨

медаль 메달
메달

менежер 매니저
메네제르

менежмент 경영
메네지멘트

металл 금속
메탈

метр 미터
메트르

метро 지하철
메트로

механикч 정비사
메하닉치

микроскоп 현미경
미크로스코프

микрофон 마이크
미크로폰

миль 마일
미일

миний 나의
미니-

минийх 내 것
미니-흐

минут 분 ,초
미노트

минчийх 빨개지다
민치-흐

мич 원숭이
미치

мишээл 미소
미쉘

мишээх 미소를 짓다
미쉐-흐

могой 뱀
머거이

мод 나무
머드

модон 나무로 만든
머등

модон морь 목마
머등 머르

М

модчин 나무꾼 머드칭	**мордох** 말에 타다 머르더흐
молиго 골탕 멀릭	**морилох** 가시다, 오시다 머릴러흐
молигодох 골탕 먹이다 멀릭더흐	**морин тэрэг** 마차 머링 테륵
Монгол 몽골 멍걸	**морин хуур** 마두금 머링 호-르
монголжих 몽골화되다 멍걸지흐	**морин цэрэг** 기마병 머링 체륵
монголч 몽골학자 멍걸치	**морь** 말 머르더흐
монтаж 조립 멍타지	**морьтой** 말을 타는 머르터
монтажчин 편집자 멍타지칭	**мотор** 엔진 머터르
монхор 메부리코 모양 멍허르	**мотоцикл** 오토바이 머트치클
моод 유행 모-드	**мохоо** 무딘 머허-
морин хуурч 머링 호-르치	마두금 연주자
морь харах 머르 하라흐	화장실에 가다

мохоох 무디게 하다
머허-흐

мохох 무뎌지다
머허흐

мөд 금방
무드

мөлгөр 미끄러운
물그르

мөлжих 착취하다
물지흐

мөлжлөг 착취
물질륵

мөлхөө 기는
물후-

мөлхөх 기어가다
물후흐

мөн 옳다
뭉

мөн чанар 본성
뭉 차나르

мөнгө 은, 돈
뭉그

мөнгөн аяга 은잔
뭉근 아약

мөнгөний ханш 환율
뭉그니- 한시

мөнгөний хүү 이자
뭉그니- 후-

мөндөр 우박
문드르

мөнх 영원
뭉흐

мөнх цас 만년설
뭉흐 차스

мөнхжих 영원해지다
뭉흐지흐

мөөг 버섯
무-그

мөр 발자취, 흔적
무르

мөргөл 예배, 참배
무르글

мөргөлдөөн 충돌
무르글둥

мөнгө солих газар 환전소
뭉그 설리흐 가자르

мөргөлдөх 부딪치다
무르글두흐

мөргөлчин 예배자
무르글칭

мөргөх 예배하다
무르거흐

мөрдлөг 지침
무르들럭

мөрдөгч 수사관
무르득치

мөрдөх 미행하다
무르뜨흐

мөрий 내기
무리-

мөрөвч 멜빵
무릅치

мөрөн 큰 강
무릉

мөрөөдөл 꿈, 소망
무루-뜰

мөрөөдөх 꿈꾸다
무루-뜨흐

мөрөөсөх 그리워하다
무루-스흐

мөс 얼음
무스

мөсдөлт 냉동
무스둘트

мөсөн 얼어붙은
무승

мөстлөг 빙하
무스틀럭

мөстөх 얼다
무스투흐

мөхөс 약한
무후스

мөхөх 망하다
무후흐

мөч 15분, 사지
무치

мөчид 순간
무치드

мөчир 가지
무치르

мөчлөг 주기
무칠륵

мөшгөх 추적하다
무시거흐

муж 지역
모지

мужаан 목수
모장

музей 박물관
모제

муйхар 멍청한
모이하르

мулгуу 우둔한
몰고-

мулзан 대머리
몰장

мулт 확
몰트

мултлах 당기다
몰틀라흐

мултрах 풀리다
몰트라흐

мунгинах 빈둥거리다
몽기나흐

мундаг 우수한
몬닥

мунхаг 어리석음
몽학

муруй 구부러진
모뢰

муруйх 구부러지다
모뢰흐

мутар 손
모트르

мутарлах 악수하다
모타를라흐

муу 나쁜
모-

муудах 나빠지다
모-따흐

муужрах 기절하다
모-지라흐

муулах 험담하다
모-올라흐

муур 고양이
모-르

муу сайн 나쁜, 좋은
모-생

муутгах 약화시키다
모-트가흐

М

муухай 나쁜
모-해

муухан 조금
모-항

муулчлах 헐뜯다
모-올칠라흐

муушаал 비난
모-샬

муушаах 비난하다
모-샤-흐

мухар 둔한
모하르

мухардал 궁지
모흐르달

мухарлах 어렵게 되다
모하를라흐

мухлаг 노점
모흘락

мушгиа боов 꽈배기
모쉬갸 버-브

мушгих 꼬다
모쉬기흐

мэгдэл 호들갑
멕델

мэгдэх 허둥내다
멕데흐

мэдлэг 지식
메뜰렉

мэдрэл 신경
메뜨렐

мэдрэмж 느낌
메뜨렘지

мэдрэх 느끼다
메뜨레흐

мэдрэхүй 감각
메떼르휘

мэдүүлэг 진술
메뚤렉

мэдүүлэх 진술하다
메뚤레흐

мэдэгдэл 보고
메떽델

мэдэгдэх 연락하다
메떽데흐

мэдэгдэхүүн 개념
메떽데훙

мэдэл 책임, 지식
메뗄

мэдэмхий 메뎀히–	아는 척하다
мэдэх 메데흐	알다
мэдээ 메데–	감각
мэдээ 메데–	정보
мэдээж 메데–찌	당연한
мэдээлэл 메델렐	정보
мэдээлэх 메델렐흐	알리다
мэдээтэй 메데–테	감각이 있는
мэл 멜	깜짝
мэлзэх 멜제흐	부인하다
мэлмий 멜미–	눈

мэлрэх 멜르레흐	놀라 쳐다보다
мэлхий 멜히–	개구리
мэнгэ 멩그	운, 재수
мэнгэр 멩게르	기관지염
мэнд 멘드	건강, 안부
мэндлэх 멘들레흐	인사하다
мэндчилгээ 멘드칠게–	인사
мэр сэр 메르세르	이따금
мэргэ 메르그	점
мэргэжил 메렉질	직업, 전공
мэргэжилтэн 메렉질텡	전문가

мэдэмхийрэх 메뎀히–레흐 아는 척하다

М

мэдэмхий 메뗌히-	아는 척하다	**мэлхий** 멜히-	개구리
мэдэх 메떼흐	알다	**мэнгэ** 멩그	운, 재수
мэдээ 메데-	감각	**мэнгэр** 멩게르	기관지염
мэдээ 메데-	정보	**мэнд** 멘드	건강, 안부
мэдээж 메떼-찌	당연한	**мэндлэх** 멘들레흐	인사하다
мэдээлэл 메뗄렐	정보	**мэндчилгээ** 멘드칠게-	인사
мэдээлэх 메뗄렐흐	알리다	**мэр сэр** 메르세르	이따금
мэдээтэй 메떼-테	감각이 있는	**мэргэ** 메륵	점
мэл 멜	깜짝	**мэргэжил** 메렉질	직업, 전공
мэлзэх 멜제흐	부인하다	**мэргэжилтэн** 메렉질텡	전문가
мэлмий 멜미-	눈	**мэргэжих** 메렉지흐	전공하다
мэлрэх 멜레흐	놀라 쳐다보다	**мэргэжлийн** 메렉질링	전문적인

мэргэлэх 점치다
메르겔레흐

мэргэн 명궁
메르겡

мэргэшил 자격
메르게쉴

мэргэших 자격을 얻다
메르게쉬흐

мэрэх 갉아먹다
메레흐

мэс 칼
메스

мэс засал 수술
메스 자슬

мэтгэлцээн 토론
메트겔첑

мэх 꾀
메흐

мэхийх 철하다
메히-흐

мээм 젖
메-엠

мягмар 화요일
먀그마르

мялаах 집들이하다
먈라-흐

мянга 천
먕ㄱ

мятрах 기가 죽다
먀트라흐

M

Н

наагуур 나-고-르	이쪽으로	**наашлах** 나-쉴라흐	다가오다
наад 나-뜨	그 쪽	**нааштай** 나-쉬태	긍정적인
наадам 나-담	놀이	**навч** 납치	잎
наадах 나-따흐	놀다	**навчлах** 납칠라흐	잎이 나다
наалдах 날다흐	붙다	**нагац** 나가치	외가
наалт 날트	접착	**надад** 나따드	나에게
наалттай 날트태	붙은	**надаар** 나따-르	나로 하여금
наана 나-안	이쪽	**надаас** 나따-스	나에게서
наах 나-흐	붙이다	**надтай** 나뜨태	나와 함께
нааш 나-쉬	이쪽	**назгайрах** 나즈개라흐	굼뜨다
		найгах 내가흐	흔들리다
		найдал 내달	희망

найдах 내따흐	신뢰하다	**найрлах** 내를라흐	잔치를 하다
найдвар 내뜨와르	희망	**найртай** 내르태	화목한
найз 내쯔	친구	**найруулагч** 내롤락치	감독
найзлах 내쯤라흐	사귀다	**найруулга** 내롤락	문체
найм 냄	여덟, 팔	**найрч** 내르치	잔치를 좋아하는
наймаа 내마–	거래	**найтаах** 내타–흐	재채기하다
наймаачин 내마–칭	상인	**налах** 날라흐	기대다
найр 내르	잔치	**налайх** 날래흐	한가롭다
найраг 내락	시	**найлуу** 내로–	경사
найрал 내랄	합창	**нам** 남	정당
нарамдал 내람달	우호	**намаг** 나막	늪
найрамдах 내람다흐	화합하다	**намайг** 나매끄	나를

намар 나마르	가을	**нандин** 난딩	귀한
намаржих 나마르지흐	가을 지내다	**нар** 나르	해
намба 남바	의젓함	**нар** 나르	들
намлах 남라흐	누그러지다	**наран цэцэг** 나릉 체첵	해바라기
намжих 남지흐	멎다	**наргиа** 나르기아	우스갯소리
найлзах 나일자흐	날리다	**наргих** 나르기흐	즐기다
намирах 나미라흐	나부끼다	**нарийвтар** 나립타르	얇은
намсах 남사흐	가라앉다	**нарийлах** 나릴라흐	아끼다
намтар 남타르	약력	**нарийн** 나링	가는, 좁은
намтар зохиол 남타르 저헐	전기	**нарийсах** 나리-사흐	가늘어지다
намуун 나몽	낮은	**нарийхан** 나리-항	좁은

нарийн бичгийн дарга 사무총장
나링 비치깅 다락

нарлаг 해맑은
나를락

нарлах 햇볕에 쬐다
나를라흐

нарны аймаг 태양계
나르니- 아이막

нарс 소나무
나르스

нартай 맑은
나르태

нарших 일사병
나르쉬흐

нас 나이
나스

наслалт 수명
나슬랄트

наслах 장수하다
나슬라흐

настай 나이든
나스태

настан 노인
나스탕

натри 나트륨
나트리

нахилзах 흔들리다
나힐자흐

нацизм 나치즘
나치즘

нацист 나지
나치스트

начин 매
나칭

ная 여든, 팔십
나이

нервтэх 신경을 쓰다
네릅테흐

нийгэм 사회
니-겜

нийгэмлэг 협회
니-겜렉

нийлбэр 합계
닐베르

нийлмэл 섞인
닐멜

нийлүүлэх 합치다
닐룰레흐

нийлэг 합성
니-렉

нийлэмж 닐-렘지	조화	**нимгэлэх** 님겔레흐	얇아지다
нийлэх 닐레흐	결합하다	**нимгэн** 님겡	엷다
нийслэл 니-슬렐	수도	**ниргэх** 니르게흐	박살내다
нийт 니-트	전체	**нисгэх** 니스게흐	날리다
нийт дүн 니-트 둥	합계	**нислэг** 니슬렉	비행
нийтлүүлэх 니-트룰레흐	출판하다	**нисэгч** 니섹치	비행사
нийтлэг 니-틀렉	공통적	**нисэх** 니세흐	날다
нийтлэгч 니-틀렉치	출판인	**нисэх онгоц** 니세흐 엉거츠	비행기
нийтлэл 니-틀렐	기사	**новш** 넙쉬	쓰레기
нийтлэх 니-틀레흐	게재하다	**ногдох** 넉더흐	부과되다
нийцэх 니-체흐	맞다	**ногоо** 너거-	채소
нилээд 닐레-드	상당한	**ногоон** 너거-엉	녹색

ногоорох 초록색이 되다
너거-러흐

ноднин 작년
너드닌

ноён 귀족, 씨, 님
너영

ноёрхох 지배하다
너여르허흐

ноймер 번호
너메르

нойр 잠
너이르

нойрмог 졸린
너이르먹

нойрмоглох 졸리다
너이르먹러흐

нойрсох 주무시다
너이르서흐

нойтон 젖은
너이텅

ном 책
넘

номлох 설교하다
넘러흐

номхон 온순한
넘헝

номын сан 도서관
너밍 상

ноолуур 캐시미어
널로-르

ноомой 소심한
너-머이

ноорог 원고
너-럭

ноос 털실
너-스

ноосон 모직
너-승

норгох 적시다
너르거흐

норох 젖다
너러흐

нот 악보
너트

ногоочин 야채 재배 농가
너거-칭

нотлох 증명하다
너틀러흐

нохой 개
너허이

ноцолдох 맞붙어 싸우다
너철더흐

ноцоох 태우다
너처-흐

ноцох 붙잡다
너처흐

ноцтой 심각한
너츠태

нөгөө 다른
누거-

нөгөөдөр 모레
누구-드르

нөгөөдүүл 다른 사람들
누구-둘

нөгчих 죽다
눅치흐

нөж 핏덩어리
누찌

нөлөө 영향
눌러-

нөлөөлөх 영향을 주다
눌럴러흐

нөлөөтэй 영향력 있는
눌러-테

нөмөр 피난처
누므르

нөмрөх 덮다
누므르흐

нөөх 저장하다
누-흐

нөөц 자원
누-츠

нөөцлөх 저장하다
누-츨르흐

нөхөр 친구, 남편
누흐르

нөхөрлөх 사귀다
누흐를르흐

нөхөх 보충하다
누후흐

нөхцөх 동거하다, 바람 피우다
누흐츠흐

нөхцөл 상황
누흐촐

нөхцөлт 조건이 있는
누흐촐트

нуга 초지
노가

нугалаас 주름
노글리 스

нугалах 접다
노글라흐

нугарааa 곡예사
노그라-치

нугаралт 곡예
노그랄트

нугарах 구부러지다
노그라흐

нугас 척수, 골수
노가스

нудрага 주먹
노뜨락

нудрах 가볍게 치다
노뜨라흐

нулимах 뱉다
놀리마흐

нулимс 눈물
놀림스

нум 화살
놈

нунтаг 가루
논탁

нунтаглах 갈다
논탁라흐

нураах 수다
노라-흐

нурах 무너지다
노라흐

нуруу 등, 척추
노로-

нус 콧물
노스

нусгай 콧물을 흘리는
노스개

нутаг 고향, 조국
노탁

нутаглах 거주하다
노탁라흐

нутагших 익숙하다
노탁쉬흐

нутгийн аялгуу 방언
노트깅 아얄고-

нууглах 숨다
노-글라흐

нуур 호수
노-르

нуух 숨기다
노-흐

нууц 비밀
노-츠

нууцлах 비밀로 하다
노-촐라흐

нухах 비비다
노하흐

нухлах 비비다
노흘라흐

нүгэл 죄
누글

нүд 눈
누드

нүдлэх 외우다
누들레흐

нүдний хараа 시력
누드니- 하라-

нүдний шил 안경
누드니- 실

нүдэх 빻다
누데흐

нүсэр 엄청난
누세르

нүүдэл 유목
누-들

нүүдэлчин 유목민
누-들칭

нүүр 얼굴
누-르

нүүрс 목탄
누-르스

нүүх 이사하다
누-흐

нүх 구멍
누흐

нүхлэх 뚫다
누흘레흐

нутгийнхан 고장 사람들
노트깅항

Н

нүцгэн 나체
누츠겡

нүцэглэх 벗다
누세글레흐

нэвт 관통하여
넵트

нэвтрүүлэг 방송
넵트룰렉

нэвтрүүлэгч 아나운서
넵트룰렉치

нэвтрүүлэх 방송하다
넵트룰레흐

нэвтрэх 통과하다
넵트레흐

нэг 하나, 일
넥

нэгдмэл 통합된
넥드멜

нэгдүгээр 첫번째
넥두게-르

нэгдэл 통일
넥델

нэгдэх 통일하다
넥데흐

нэгж 단위
넥지

нэгжих 수색하다
넥지흐

нэгжлэг 수색
넥질렉

нэгмөсөн 한꺼번에
넥무승

нэгэнт 벌써, 이미
네겐트

нэлээд 꽤
넬레-드

нэмэгдэл 추가
네멕델

нэмэгдэх 늘다
네멕데흐

нэмэлт 보충
네멜트

нэмэр 보탬
네메르

нэмэх 더하다
네메흐

нэн 더
넹

нэр 이름
네르

нэрвэгдэх 해를 입다
네르웩데흐

нэргүй 무명
네르귀

нэрлэх 이름 짓다
네를레흐

нэрмэл 증류한
네르멜

нэрт 유명한
네르트

нэрэх 증류하다
네레흐

нэхий 양가죽
네히-

нэхмэл 직물
네흐멜

нэхэх 짜다
네헤흐

нээгдэх 열리다
네-엑데흐

нээлт 발견
넬트

нээлттэй 공개
넬트테

нээрээ 정말
네-레-

нээх 열다
네-흐

нябо 회계
냐보

нягт 밀집한
냑트

нягтлан бодогч 경리
냑틀랑 버떡치

нягтлах 감사하다
냑틀라흐

нягтрал 밀도
냑트랄

нягтрах 밀접하다
냑트라흐

нягтшил 밀도
냑트실

нядлах 도살하다
냐뜰라흐

нялзрай 갓 난
냘즈래

нялуун 진한
날로-옹

нялх 갓 난
냘흐

нялхас 유아
냘하스

нялцгай 물렁물렁
냘츠개

ням гариг 일요일
냠 가릭

нямбай 정확한
냠배

нян 세균
냔

нярав 창고원
냐랍

няц 콱
냐츠

няцаалт 거절
냐찰트

няцаах 거절하다
냐차-흐

няцах 물러서다
냐차흐

няцрах 부서지다
냐츠라흐

няцашгүй 취소할 수 없는
냐차시귀

О

объект 대상
어벡트

ов 아주
어우

овжин 재치 있는
어우징

овог 성씨
어웍

овог аймаг 부족
어웍 아이막

овоглох 성을 따르다
어웍러흐

оволзох 뛰다
어월저흐

овоо 어워
어워-

овоолох 쌓다
어월러흐

овоорох 쌓이다
어워-러흐

овор 크기
어워르

овор товор 터벅터벅
어워르 터워르

овсгоогүй 재치가 없는
업스거-구이

овъёос 오트밀
어비요스

огих 멀미가 나다
어기흐

огло 확
억러

огт 전혀
억트

огтлох 자르다
억틀러흐

огторгүй 우주
억터르괴

огцом 급한
억첨

овор товортой 재치 있다
어워르 터워르태

огцрох 물러나다
억츠러흐

огцруулах 해고하다
억츠롤라흐

од 별
어뜨

одой 난쟁이
어떠이

одон 훈장
어떵

одоо 지금
어떠-

одоохон 잠깐만
어떠-헝

одоохондоо 요세
어떠-헝더-

одох 떠나다
어떠흐

одтой 운이 좋다
어뜨태

оёдол 재봉
어여떨

оёдолчин 재봉사
어여떨칭

оёх 바느질하다
어여흐

озон 오존
어전

ой 기념일, 숲
어이

ойлголт 이해
어일걸트

ойлгомж 이해력
어일검지

ойлгох 이해하다
어일거흐

ойлт 반사
어일트

оймс 양말
어임스

ойр 가까운
어이르

ойрдоо 요즘
어이르떠-

ойртуулах 가까이 가져가다
어이르톨라흐

ойролцоо 근처
어이럴처-

ойролцоогоор 대략
어이럴처-거-르

ойртох 다가가다
어이르터흐

ойрхон 가까운
어이르헝

ойчих 빠지다
어이치흐

ойшоох 관심을 갖다
어이셔-흐

олборлолт 채취
얼버르럴트

олборлох 채취하다
얼버를러흐

олгох 지급하다
얼거흐

олдох 찾다
얼떠흐

олз 포획한
얼지

олзлогдох 포로가 되다
얼질럭더흐

олзлох 포로를 잡다
얼질러흐

олиггүй 좋지 않는
얼릭귀

олигтой 좋은
얼릭태

олимп 올림픽
얼림프

олимпиад 경기
얼림피아드

ололт 진보
얼럴트

олон 많은
얼릉

олон нийт 공공
얼릉 니-트

олон улс 국제
얼릉 올스

олонтаа 여러 번
얼릉 타-

олонхи 다수의
얼릉히

олох 발견하다
얼러흐

олс 끈
얼스

олшрох 늘다
얼쉬러흐

олшруулах 복사하다
얼쉬로-올라흐

омгорох 자만하다
엄거러흐

омог 자만
어믄

омогтой 건방진
어믄태

он 해, 년
엉

онгироо 자만한
언기러-

онгирох 자랑하다
언기러흐

онгод 영감
언거드

онгойлох 열다
언걸러흐

онгойх 열다
언거흐

онгон 처녀
언겅

онгорхой 열려있는
언거르해

онгоц 배
엉거츠

ондоо 다른
언더-

оновчтой 힙리적
어넙치터

оногдох 맞다
어넉더흐

онол 이론
어널

онолч 이론적
어널치

оноо 접수
어너-

онох 명중하다
어너흐

онош 진단
어너쉬

оношлох 진단하다
어너쉴러흐

онц 언츠	특별한
онцгой 언츠거	특별한
онцлог 언촐럭	특성
онцлох 언촐러흐	강조하다
оньсого 언써크	수수께끼
оо 어-	치약
оосор 어서르	끈
оосорлох 어서를러흐	묶다
ор 어르	침대
оргил 어르길	꼭대기
оргилох 어르길러흐	끓어오르다
оргилуур 어르길로-르	분수
оргих 어르기흐	솟아나다
ордон 어르떵	궁전
орилох 어릴러흐	외치다
орлого 어를럭	소득
орлогч 어를럭치	대행
орлох 어를러흐	대신하다
орой 어러-	저녁
оройтох 어러-터흐	늦다
оролдлого 어럴뜰럭	시도
оролдох 어럴떠흐	시도하다
оролцоо 어럴처-	참가
оролцох 어럴처흐	참석하다

орон 국가
어렁

орон сууц 주택
어렁 소-츠

оронд 대신
어런드

ороолт 싸개
어럴트

ороох 포장하다
어러-흐

орос 러시아
어러스

орох 들어가다
어러흐

оруулах 넣다
어롤라흐

орхих 두고 가다, 버리다
어르히흐

орц 입구
어르츠

орчим 근처의
어르침

орчин 주변, 현대
이그친

орчлон 우주
어르칠렁

орчуулах 번역하다
얼촐라흐

орчуулга 번역, 통역
얼촐락

оршил 머리말
어르쉴

орших 존재하다
어르쉬흐

оршуулга 장례식
어르숄락

осол 사고
어설

осолдох 사고를 당하다
어설더흐

орчуулагч 번역자, 통역자
얼촐락치

оршуулах 장례식을 치르다
어르숄라흐

О

осолтой 위험하다
어설태

отгон 막내
어트겅

отог 씨족
어턱

офицер 장교
어피체르

охин 딸
어힝

очих 가다
어치흐

оюун 정신
어용

оюутан 대학생
어요탕

ө

өв 상속
우브

өвгөд 노인들
우브그드

өвгөн 노인
우브겅

өвгөрөх 늙다
우브그르흐

өвдөг 무릎
웁득

өвдөглөх 무릎을 꿇다
웁득르흐

өвдөх 아프다
웁드흐

өвлүүлэх 상속하다
우블룰레흐

өвөг 조상
우웩

өвөл 겨울
우월

өвөлжих 겨울을 지내다
우월찌흐

өвөлжөө 겨울 방목지
우웰쩌

өвөө 할아버지
우웨–

өвөр монгол 내몽골
우웨르 멍걸

өвөрмөц 특별한
우브르무치

өвс 건초
웁스

өвтгөх 아프게 하다
웁트거흐

өвчин 병
웁칭

өвчтөн 환자
웁치틔

өвчтэй 아픈
웁치테

өглөг 기부금
우글륵

өгөх 주다
우그흐

өгсөх 올라가다
욱스흐

өгүүлбэр 문장
우궅베르

өгүүллэг 단편 소설
우굴렉

өгүүлэгдэхүүн 주어
우굴렉데훙

өгүүлэгч 화자
우굴렉치

өгүүлэх 이야기 하다
우굴레흐

өгүүлэхүүн 서술어
우굴레훙

өд 깃털
우드

өдий 아직 멀다
우디-

өдийд 이맘때
우디-드

өдөөх 선동하다
우두-흐

өдөр 날, 일
우드르

өдөржин 하루 종일
우드르징

өдөрлөг 파티
우드를룩

өл 영양가
울

өлгий 요람
울기

өлгөх 걸다
울그흐

өлгүүр 옷걸이
울구-르

өлдөх 굶주리다
울뜨흐

өлзий 행운
울지-

өлзийгүй 운이 없는
울지-귀

өлзийтэй 운수 좋은
울지-테

өлөнгөтөх 굶주리다
울릉그트흐

өлсгөлөн 굶주림
울스글릉

өлсгөх 굶기다
울스그흐

өлсөх 배고프다
울스흐

өмгөөлөгч 변호사
움글륵치

өмгөөлөх 변호하다
움걸러흐

өмд 바지
움드

өмнө 남쪽
우므

өмнөд Солонгос 남한
우므너드 설렁거스

өмнөх үг 머리말
우므누흐 욱

өмөн 암
우믄

өмсгөл 복장
움스굴

өмсгөх 입히다
움스구흐

өмсөх 입다
움수흐

өмхий 썩은
움히-

өмхрөх 썩다
움히러흐

өмч 재산
움치

өмчлөх 소유하다
움칠러흐

өн 풍요로운
운

өнгийх 엿보다
운기-흐

өнгө 색
웅그

өнгөлөх 광내다
웅걸러흐

өнгөрөгч 지난
웅그럭치

өнгөрөө 지내다
웅거러-

өнгөрүүлэх 보내다
웅그룰레흐

өнгөт 컬러
웅그트

өнгөн 가볍게
웅겅

өндийх 자리를 뜨다
운디-흐

өндөг 알, 달걀
운득

өндөглөх 알을 낳다
운득르흐

өндгөвч 난소
운드겁치

өндөр 높은
운드르

өндөрлөг 높은 곳
운드를럭

өнө 아주 먼
우누

өнөд 영원히
우누드

өнөө 지금, 현재
우누-

өнөөдөр 오늘
우누-드르

өнөөдөржин 하루 종일
우누-드르징

өнөөх 그
우느-흐

өнөр 대가족
우누르

өнтэй 따뜻한
운테

өнхрөх 구르다
웅흐르흐

өнцөг 귀퉁이
운측

өнчин 고아
운칭

өнчрөх 고아가 되다
운치르흐

өө 흠
우-

өөд 위로
우-드

өөдгүй 나쁜
우-드구이

өөд болох 죽다
우-드 벌러흐

өөдлөх 오르다
우-들르흐

өөдөс	조각	өөрцгүй	마찬가지
우-드스		어-르츠귀	
өөдрөг	긍정적인	өөрчлөгдөх	바뀌다
우-들르		어-르츨럭두흐	
өөлөх	흠을 찾다	өөрчлөлт	변화
울러흐		어-르칠럴트	
өөнтөг	트집	өөрчлөх	바꾸다
운특		어-르칠러흐	
өөнтөглөх	트집을 잡다	өөх	비게
운특르흐		우-흐	
өөр	다른	өөхжилт	비만
어-르		우-흐질트	
өөрийгөө	자신을	өөхлөх	살찌다
어-리-거-		우-흘러흐	
өөрийн	자신의	өр	채무, 빚
어-링		우르	
өөрөө	스스로	өргөдөл	청원서
어-러-		우르그들	
өөрөөр хэлбэл	즉	өргөжих	넓혀지다
어-러-르 헬벨		우륵지흐	
өөртөө	스스로에게	өргөл	헌금, 제물
어-르터-		우르걸	
өөрчлөгдөмтгий			변덕스러운
어-르츨룩둠트기-			

өргөлт 우르걸트	올리기, 강세	**өрнүүн** 우르눙	번영
өргөмөл 우르그물	입양한	**өрөвдөх** 우릅드흐	동정하다
өргөн 우르궁	넓은	**өрөмдлөг** 우름들럭	시추
өргөө 우르거-	궁전	**өрөмдөгч** 우름득치	시추공
өргөс 우르거스	가시	**өрөмдөх** 우름드흐	구멍을 뚫다
өргөсөх 우륵서흐	넓어지다	**өрөө** 우러-	방
өргөтгөх 우르그트거흐	넓히다	**өрөөсөн** 우러-승	한 쪽
өргөх 우르거흐	들다	**өрөх** 우러흐	늘어놓다
өрнө 우른	서쪽, 서양	**өрсөлдөгч** 우르슬득치	경쟁자
өрнөх 우르너흐	발전하다	**өрсөлдөөн** 우르슬둥	경쟁
өрнүүлэх 우르눌레흐	발전시키다	**өрсөлдөх** 우르슬드흐	경쟁하다
өрөм 우름	끓인 우유 표면에 생기는 얇은 막		

өрсөх 앞서다
우르스흐

өртөг 가치
우르득

өртөө 역참
우르터-

өртөөлөх 잇다
우르툴루흐

өртөх 맞다
우르트흐

өрх 가족
우르흐

өрх гэр 가계
우르흐 게르

өрц 횡격막
우르치

өршөөгөөрэй 용서하세요
우르셔-게-레

өршөөл 용서
우르쉘

өршөөх 용서하다
우르쉐흐

өс 복수
우스

өсвөр 청소년
우스브르

өсгий 뒤꿈치
우스기-

өсгөгч 돋보기
우스걱치

өсгөлөн 건강한
우스글릉

өсгөх 기르다
우스거흐

өсөлт 증가
우슬트

өсөх 자리다
우스흐

өст 원한
우스트

өстөн 원수
우스틍

өт 벌레
우트

өтгөн 짙은
우트겅

өтгөрөх 진해지다
우트구루흐

өтгөс 노언
우트구스

өтлөх 늙다
우틀러흐

өтөг 비료
우턱

өхөөрдөх 귀여워하다
우후-르두흐

өчиг 고백
우칙

өчигдөр 어제
우칙드르

өчих 말하다
우치흐

өчнөөн 많은
우치누-웅

өчүүхэн 조그마한
우추-헹

өшиглөх 발로 차다
우식러흐

өширхөх 적개심을 품다
우시르후흐

өших 증오하다
우시흐

өшөө 복수
우셔-

өшөөтөн 적, 원수
우셔-

ㅍ

паа 홍
파-

паалан 법랑
팔-릉

паг 전혀
팍

пагдайх 땅딸막하다
팍대흐

пагдгар 땅딸막한
팍드가르

пад 쾅
파뜨

падаан 영수증
파땅

падхийх 쾅하다
파뜨히-흐

пайз 표시
패즈

пал 풍덩
팔

палхийх 철렁하다
팔히 흐

пальто 외투
팔터

пандгар 통통한
판드가르

панз 투기
판즈

панзчин 투기꾼
판즈칭

пансан 견직물
판상

парламент 국회
파를라모트

паспорт 여권
파스퍼르트

пассив 부채
파십

паян 모험담
파잉

палеонтологич 고생물학자
팔렝틀럭치

патент 특허
파텐트

печень 과자
페첸

пиво 맥주
피버

пиводох 맥주를 마시다
핍떠흐

пиг 꽉
픽

пиджак 양복
피트자끄

пийжүү 중국 맥주
피-주-

пийшин 오븐, 렌지
피-싱

пимбийх 부풀다
핌비-흐

пин 헛간
핀

пирамид 피라미드
피라미뜨

писхийх 터지다
피스히-흐

пицца 피자
피차-

плита 타일
플리타

плёнк 필름
플령크

пологтох 과식하다
펄럭터흐

поп 팝
펍

пор пор 보글보글
퍼르퍼르

порно 포르노
퍼르너

пөмбөгөр 동근 모양의
붐부거르

программ 프로그램
프러그람

прокат 대여
프러카트

прокурор 검사
프럭코러르

протокол 회의록
프러터컬

профессор 교수
프러페서-르

пүүжин 로켓
포-진

пунз 외양간
푼즈

пунтүүз 당면
푼투-즈

пүрш 스프링
푸르쉬

пүрэв 목요일
푸렙

пүүгээ 보따리
푸-게-

пүүз 운동화
푸-즈

пүүс 회사
푸-스

пял 접시
퍼

пян 참을성
퍼

пянз 음반
퍼즈

пүргих (먼지 등이) 일어나다
포르기흐

р

равнайлах 랍나일라흐	봉헌하다
радар 라다르	레이더
радио 라디어	라디오
размер 라즈몌르	치수
рам 람	테
рапорт 라퍼르트	리포트
рашаан 라샤-앙	온천
редактор 례닥터르	편집자
резин 례징	고무
равнай 랍나이	
ректор 렉터르	총장
ресторан 례스터랑	레스토랑
реферат 례폐라트	리포트
римт 림트	리듬
рок 럭	록
ром 럼	로마
роман 러망	소설
романтизм 러망티즘	낭만주의
рубль 로블	루블
румын 로미-잉	루마니아
руу 로-	로
руу 루-	로
	축복 의식, 봉헌

C

саа 중풍
사-

саад 방해
사-드

сааль 우유
사-알

саальчин 젖 짜는 사람
살칭

саам 젖 짜는 시간
사-암

саар 안 좋은
사-르

саарал 흰색
사-를

саарах 느슨해지다
사-라흐

саармаг 중성의
사-르막

саатал 장애
사-탈

саатах 장애가 되다
사-타흐

саатуулах 돌보다
사-톨라흐

саах 젖을 짜다
사-흐

саахалт 이웃
사-할트

саахар 각설탕
사-하르

сав 식기, 그릇
사우

сав хийвэл 툭하면
사우 히-웰

сав суулга 용품
사우 솔락

саваагүй 나서기를 좋아하는
사와-구이

саваадах 회초리로 때리다
사와-다흐

c

саваа 사와-	회초리
саван 사왕	비누
савандах 사왕다흐	비누질하다
савар 사와르	발톱
савах 사와흐	자빠지다
савдаг 사우닥	신령
савлах 사울라흐	포장하다
савлуур 사우로-르	그네
савсах 사우사흐	모락모락 오르다
савх 사흐	젓가락
савхин 사우힝	피혁
сагаг 사각	메밀
сагах 사가흐	넘치다
саглагар 사글라가르	가지가 많은
сагс 삭스	바구니
сагсайх 삭새흐	헝클어지다
сагсан бөмбөг 삭승 붐북	농구
сагсгар 삭스가르	수북한
сагсуурах 삭소-라흐	잘난 척하다
сад 사뜨	샘
саад 사-뜨	방해
садан 사땅	친척
садарлах 사따를라흐	음탕하다
сайд 새뜨	장관, 대사

сайдах 좋아지다
새따흐

сайжрах 개선되다
새지라흐

сайжруулах 개선시키다
새지롤라흐

сайлах 칭찬하다
샐라흐

сайн 좋은
생

сайн өдөр 좋은 날
생 우드르

сайр 조약돌
새르

сайтай 좋은
새태

сайтар 깊이
새타르

сайхан 아름다운
새항

сайчууд 우수생
새초-드

сайшаал 칭찬
새샤-알

сайшаах 칭찬하다
새샤-흐

сал 뗏목
살

салаа 가지
살라-

салаалах 갈라지다
살랄라흐

салалт 이혼
살랄트

салам 호되게
살람

салах 헤어지다
살라흐

салбар 부문
살바르

салбарлах 갈라지다
살바를라흐

салга 경련
살락

салгалах 벌벌 떨리다
살락라흐

салдаг	살닥	조립식
салхи	살히	바람
салхивч	살힙치	환기창
салхилах	살힐라흐	바람이 불다
салшгүй	살쉬귀	뗄 수 없는
сам	삼	빗
самар	사마르	잣
самбаа	삼바–	재치
самбар	삼바르	칠판
самгарлах	삼가를라흐	긴장하다
самнах	삼나흐	머리를 빗다
сампин	삼핑	주판
самрах	삼라흐	퍼서 붓다
самуун	사몽	방탕한
самуурах	사모–라흐	혼란해지다
сан	상	기금
санаа	사나–	생각, 마음
санаархах	사나–르하흐	의도하다
санаатай	사나–태	의도를 갖다
санаачилга	사나–칠락	창의
санаачлагч	사나–칠락치	창시자
санаачлах	사나–칠라흐	창시하다
салгах	살가흐	쪼개다, 분리하다

санаашрах 그리워하다
사나-쉬라흐

санагдах 생각나다
사낙다흐

санал 의견
사날

санамж 경고문
사남지

санамсаргүй 우연히
사남사르귀

санах 생각하다
사나흐

санваартан 수도승
상와-르탕

Сангийн яам 재무부
상깅 얌

сандал 의자
산달

сандраах 재촉하다
상드라-흐

сандрах 당황하다
상드라흐

сандчих 허둥지둥하다
상느치흐

сансар 우주
상사르

сануулах 상기시키다
시놀라흐

сануулга 경고
사놀락

санхүү 회계
상후-

санхүүжилт 재정
상후-질트

санхүүч 재정 전문가
상후-치

санчиг 구레나룻
산칙

сар 달
사르

санашгүй 상상할 수 없는
사나쉬구이

санагдуулах 생각하게 하다
사낙돌라흐

с

сар сар 사르 사르	바스락 바스락
сараачих 사라-치흐	낙서하다
саравч 사랍치	챙
сарлаг 사를락	야크
сармис 사르미스	마늘
сарнай 사르내	장미
сарних 사르니흐	흩어지다
саруул 사롤	밝은
сархад 사르하드	술
сатаарах 사타-라흐	넋을 잃다
сахал 사할	수염
сахил 사힐	순결
сахилга 사힐락	규율
сахиус 사효스	부적
сахих 사히-흐	지키다
сацуу 사초-	동시에
сачий 사치-	실력
сая 사이	백만
саятан 사이탕	백만장자
саяхан 사이항	방금
сахилгагүй 사힐락귀	장난을 심하게 치는
сахилгагүй хүүхэд 사힐락귀 후-헬	개구쟁이

саяын 사이-잉	아까	**скоч** 스커치	스카치테이프
сейф 셰프	금고	**совин** 서윙	예감
секс 섹스	섹스	**согог** 서걱	결함
сибирь 시비르	시베리아	**согоо** 서거-	암사슴
сийлбэр 시-일베르	조각	**согтох** 석터흐	취하다
сийлэх 시-일레흐	새기다	**согтуу** 석토-	취한
сиймхий 시-임히-	틈새	**сод** 서뜨	우수한
сийрэг 시-렉	성글은	**содон** 서떵	유별난
сийрэх 시-레흐	줄어들다	**соёл** 서열	문화
симфони 심퍼니	교향악	**соёлын ям** 서열링 얌	문화부
систем 시스템	조직	**соёлгуй** 서열귀	교양이 없는
согтуугаар 석토-가-르			술에 취한 채

соёлжих 서열지흐	교양을 갖추다	**солилцоо** 설릴처-	교환
соёлтой 서열태	교양이 있는	**солилцох** 설릴처흐	나누다
соёмбо 서염버	서염버	**солиорох** 설리어러흐	미치다
соёо 서여	어금니	**солих** 설리흐	바꾸다
соёолон 서열렁	5세 가축	**солонго** 설렁거	무지개
сойз 서이쯔	솔	**солонгос** 설렁거스	한국
сойздох 서이쯔더흐	솔질하다	**сонгино** 성긍	파
солбих 설비흐	엇갈리다	**сонгогдох** 선걱더흐	뽑히다
солбиулах 설비올라흐	꼬다	**сонгогч** 선걱치	유권자
солгой 설거이	왼손잡이	**сонгодог** 선거떡	고전적인
солбицол 설비철	교차점	**сонголт** 선걸트	선택
солигдох 설릭더흐	바뀌다	**сонгох** 선거흐	고르다

сонгууль 투표
선고-올

сонгууль 선거
선고-올

сондгой тоо 홀수
선드거이 터-

сондор 목걸이
선너르

сонин 신문
서닝

сонирхогч 애호가
서니르헉치

сонирхол 흥미
서니르헐

сонирхох 흥미를 갖다
서니르허흐

сониуч 호기심이 많은
서니오치

сонор 청각
서너르

сонсгол 청력
성스걸

сонсголгүй 귀머거리
성스걸구이

сонсгох 들려주다
성스거흐

сонсогдох 들리다
성석더흐

сонсогч 청중
성석치

сонсох 듣다
성서흐

соод 소다
서-드

сорви 흉터
서르위

сорил 실험
서릴

сорих 시험하다
서리흐

сормуус 속눈썹
서르모-스

сорогч 흡입하는
서럭치

сонирхуулах 흥미를 끌다
서니르홀라흐

с

соронз 자석
서런즈

сорох 빨아들이다
서러흐

соруул 빨대
서로-올

сорьц 순도
서르츠

сохлох 눈멀게 하다
서흘러흐

сохор 장님
서허르

сохрох 눈이 멀다
서흐러흐

социйлизм 사회주의
서치-일리즘

социологи 사회학
서치얼러기

сөгдөх 무릎을 꿇다
숙드흐

сөлөр 사팔뜨기
술르르

сөнөөгч 파괴자
수누-윽치

сөнөөх 파괴하다
수누-흐

сөнөх 멸망하다
수누흐

сөөнгө 목이 쉰
수-운거

сөөх 목이 쉬다
수-흐

сөрөг 반대
수륵

сөрөх 거스르다
수르흐

сөхөх 올리다
수후흐

сөхрөх 무릎을 꿇다
수흐루흐

спорт 운동
스퍼르트

суваг 도랑
소왁

сувд 진주
소브드

сувилагч 간호사
소빌락치

сувилах 간호하다
소빌라흐

суга 겨드랑이
소가

сугалах 팔짱을 끼다
소갈라흐

сугалаа 추첨
소갈라-

сугалах 뽑다
소갈라흐

сугарах 빠지다
소가라흐

судал 맥
소딸

судар 경전
소따르

судас 혈관
소따스

судлал 학
소뜰랄

судлагч 연구자
소뜰락치

судлах 연구하다
소뜰라흐

сул 약하게
솔

суллагдах 풀려나다
솔각디흐

суллах 풀어주다
솔라흐

сулрал 허약함
솔랄

сулрах 약해지다
솔라흐

сулруулах 약화시키다
솔로-올라흐

султгах 비우다
솔트가흐

сулхан 힘이 없는
솔항

сульдах 지치다
솔다흐

сум 화살
솜

сумлах 장전하다
솜라흐

сунах 늘다
소나흐

с

сунгалт 손갈트	스트레칭
сунгах 손가흐	늘리다
сунжрах 손지라흐	지연되다
суниах 소니아흐	기지개를 켜다
сур 소르	활쏘기
сураг 소락	소식
сураглах 소락라흐	물어보다
сурагч 소락치	학생
суралцах 소랄차흐	배우다
сурах 소라흐	배우다
сурах бичиг 소라흐 비칙	교과서
сурвалж 소르왈지	근원
сурвалжлагч 소르왈질락치	기자
сурвалжлах 소르왈질라흐	취재하다
сургаал 소르가-알	교훈
сургагч 소르각치	조련사
сургалт 소르갈트	교육
сургамж 소르감지	교훈
сургамжлах 소르감질라흐	훈계하다
сургах 소르가흐	가르치다
сургууль 소르고-올	학교
сурлага 소를락	학습
суртал 소르탈	이념
сурталчлах 소르탈칠라흐	선전하다

сyртахуун 도덕
소르타호-옹

суу билэг 천재
ㅗ ㅡ 빌겍

суудал 자리
소-딸

суулга 냄비

суулгах 앉히다
소-올가흐

суурь 장소
소-르 빌렉

суурьшил 정착
소-르쉴

суурьших 정착하다
소-르쉬흐

суут 위대한
소-트

суутгах 공제하다
소-트가흐

суух 앉다
소-흐

сууц 아파트
소-츠

сүв 구멍
수우

сүвлэх 바늘에 실을 꿰다
[illegible]

сүвээ 옆구리
수웨-

сүг 유령
숙

сүг зураг 각화
숙 조락

сүй 약혼
수이

сүйд 손해
수이드

сүйдэх 망하다
수이데흐

сүйрэх 파괴되다
수이레흐

сүйтгэгч 파괴자
수이트-윽치

сүйх 마차
수이흐

сүйхээ 발이 넓은
수이헤-

с

сүлбэх 찌르다
술베흐

сүлбээ 관계
술베-

сүлд 문장
술드

сүлжих 땋다
술지흐

сүлжмэл 엮은
술지멜

сүлжээ 네트워크
술쩨-

сүм 절
숨

сүм хийд 사찰
숨 히-드

сүмс 소스
숨스

сүнс 영혼
순스

сүр 위엄
수르

сүрдүүлэг 위험
수르둘렉

сүрдүүлэх 위협하다
수르둘레흐

сүрдэх 겁을 먹다
수르데흐

сүржин 과장한
수르징

сүрлэг 웅장한
수를렉

сүртэй 장임한
수르테

сүрхий 강렬한
수르히-

сүрчиг 향수
수르칙

сүрьеэ 결핵
수르예

сүрэг 무리
수렉

сүрэл 짚
수렐

сүлд мод 크리스마스트리
술드 머드

сүсэг 수섹	신앙	сүүмгэр 수-움게르	희미한
сүсэглэх 수섹레흐	숭배하다	сүх 수흐	도끼
сүсэгтэн 수섹텡	신도	сэв 셉	결함
сүү 수-	우유	сэвсгэр 셉스게르	폭신한
сүүдэр 수-데르	그림자	сэвх 셉흐	주근깨
сүүдэрлэх 수-데를레흐	그늘지다	сэвэлзэх 세웰제흐	솔솔 불다
сүүж 수-찌	골반	сэгсгэр 섹스게르	텁수룩한
сүүл 수-울	꼬리	сэгсийх 섹시-흐	헝클어지다
сүүлд 수-울드	나중에	сэгсрэх 섹스레흐	흔들다
сүүлдэх 수-울데흐	뒤쳐지다	сэдрэх 세뜨레흐	악화하다
сүүлийн 수울링	최근	сэдэв 세뗍	주제
сүүлч 수울치	마지막	сэдэх 세떼흐	꾸미다

сэжиг 의심
세직

сэжиглэх 의심하다
세직레흐

сэжүүр 변누리
세주-르

сэлбэг 부품
셀벡

сэлгэх 바꾸다
셀게흐

сэлт 등등
셀트

сэлүүн 한적한
셀룽

сэлэх 수영하다
셀레흐

сэм 살짝
셈

сэмхэн 슬그머니
셈헹

сэнгэнэх 시원하다
셍게네흐

сэнж 손잡이
셍지

сэнс 선풍기
셍스

сэнхрэх 깨닫다
셍흐레흐

сэргийлэх 예방하다
세르길레흐

сэргэлэн 명랑한
세르겔렝

сэргэх 깨다
세르게흐

сэргээх 깨우다
세르게-흐

сэрдэх 의심하다
세르데흐

сэрүүдэх 쌀쌀하다
세루-데흐

сэрүүн 시원한
세룽

сэрүүхэн 쌀쌀하다
세루-헹

сэрүүнэх 서늘해지다
세루-네흐

сэрэл 감각
세렐

с

сэрэмж 경계
세렘지

сэрэмжлэх 경계하다
세렘질레흐

сэрэх 깨다
세레흐

сэрээх 깨우다
세레-흐

сэтгүүл 잡지
세트구-울

сэтгүүлч 언론인
세트굴치

сэтгэгдэл 인상
세트겐델

сэтгэгч 사상가
세트겐치

сэтгэл 마음
세트겔

сэтгэлгээ 사고
세트겔게-

сэтгэх 생각하다
세트게흐

сэтгэхүй 생각
세트게휘

сэтгэц 정신
세트게치

сэхэл 회복
세헬

сэхэх 정신을 차리다
세헤흐

сэхээ 의식
세헤-

сэхээрэх 깨어나다
세헤-레흐

сэхээтэн 지성인
세헤-텡

сэтгэл судлал 심리학
세트겔 소뜰랄

сэтгэл судлаач 심리학자
세트겔 소뜰라-치

сэтгэлчилэн 원하는 대로
세트겔칠렝

сээр
세-르

척추

т

та 당신
타

таавар 수수께끼
타-와르

тааз 천장
타-즈

таалагдах 마음에 들다
타-알락다흐

таалах 호감이 가다
타-알라흐

таамаг 짐작
타-막

таамаглах 짐작하다
타-막라흐

тааралдах 만나다
타-랄다흐

таарамж 어울림
타-람지

таарах 맞다
타-라흐

тааруу 그저 그런
타-로-

тааруухан 그저 그런
타-로-항

тааруулах 맞추다
타-롤라흐

таатай 기분이 좋은
타-태

таах 풀다
타-흐

тав 다섯, 오
타우

тавaap 상품
타와-르

таваг 접시
타왁

таваглах 접시에 담다
타왁라흐

тавгүй 불편한
타우구이

тааварлах 수수께끼를 풀다
타-와를라흐

т

тавдугаар 다섯번째
타우도가-르

тавигдах 놓이다
타윅다흐

тавилан 운명
타윌랑

тавилга 가구
타윌락

тавиур 선반
타위오르

тавих 놓다
타위흐

тавлах 편히 있다
타울라흐

тавтай 편하게
타우태

тавь 오십, 쉰
태위

таг 두껑, 마개
탁

таг 완전히
탁

тагжгар 땅딸막한
탁지가르

таглах 막다
타글라흐

тагнах 정탐하다
타그나흐

тагнуул 정탐
타그놀

тагт 베란다
탁트

тагтаа 비둘기
탁타-

тайван 평화
태왕

тайвшрах 가라앉다
탭쉬라흐

тайж 왕자
태찌

тайз 무대
태쯔

тайлагдах 풀리다
탤락다흐

тайлан 결산
탤

тайлах 해결하다
탤라흐

тайлбар 설명
탤바르

тайлбарлагч 해설자
탤바를라치

тайлбарлах 설명하다
탤바를라흐

тайрах 자르다
태라흐

такси 택시
탁시

тал 쪽, 측
탈

талаар 관해서
탈라-르

талархал 감사
탈라흐할

талархах 감사하다
탈라르하흐

талбай 광장
탈배

талбар 장소
탈바르

талийгаач 고인
탈리-가-치

таллах 이등분하다
탈라흐

талх 빵
탈흐

там 지옥
탐

тамга 도장
타막

тамгалах 도장을 찍다
타막라흐

тамлах 고문하다
탐라흐

тамир 힘, 체력
타미르

тамирдах 지치다
타미르다흐

тамиржих 기운을 얻다
타미르지흐

тамирчин 운동선수
타미르칭

талаар болох 소용없게 되다
탈라-르 벌러흐

т

тамхи 담배
타미흐

тамхичин 흡연자
타미흐칭

танай 당신의
타내

тангараг 맹세
탕그락

танил 벗, 친구
타닐

танилцуулах 소개하다
타닐촐라흐

таниулах 알리다
타니올라흐

таних 알다
타니흐

танк 탱크
탕크

тансаг 풍요로운
탕삭

танхай 난폭한
탕해

танхим 강당
탕힘

тараах 해산하다
타라-흐

тараг 요구르트
타락

тарах 흩어지다
타라흐

тарвага 타르왁
타르왁

тарваган хүн 난쟁이
타르와강 훙

тарга 뚱뚱한
타르

танилцах 만나다, 사귀다
타닐차흐

танхайрах 불량하게 굴다
탕해라흐

тарваган тахал 흑사병
타르와강 타할

тарaгалах 타르갈라흐	살찌다
тарган 타르갈	살찐
тариа 타래	곡물
тариалан 타랠릉	경작
тариачин 타랭칭	농부
тариалах 타랠라흐	경작하다
тарилга 타릴락	접종
тариур 타리오르	주사기
тарих 타리흐	재배하다
тарлан 타를랑	반점이 있는
тармуур 타르모-르	갈퀴
тарин 타린	주문
тарнидах 타르니다흐	주문을 걸다
тархай 타르해	흩어진
тархах 타르하흐	퍼지다
тархи 타르히	뇌
тарчиг 타르칙	가난한
тарчлах 타르칠라흐	고생하다
тас 타스	완전히
тасаг 타삭	과
тасалбар 타살바르	입장권
тасалгаа 타살가-	실
тасалдах 타살다흐	바닥나다
тасархай 타사르해	조각

т

тасдах 타스다흐	찢다
тасдуулах 타스돌라흐	찢기다
таслал 타슬랄	쉼표
таслах 타슬라흐	끊다
тасрал 타스랄	중단
тасрах 타스라흐	끊어지다
тасхийм 타스힘	혹한
татагдах 타탁다흐	당겨지다
татах 타타흐	당기다
таташ 타타쉬	다진 고기
татвар 타트와르	세금
татварлах 타트와를라흐	세금을 부과하다
татгалзах 타트갈자흐	거절하다
татлага 타틀락	밧줄
тах 타흐	편자
тахал 타할	전염병
тахиа 타햐	닭
тахийх 타히-흐	굽다
тахийлгах 타힐가흐	굽히다
тахил 타힐	제물
тахилга 타힐락	제사
тахилч 타힐치	제사장
тахим 타힘	오금

тахир 굽은
타히르

тахир дутуу 장애
타히르 도투-

тахих 제물을 바치다
타히흐

тахь 야생마
타흐

тачаангуй 섹시한
타차-앙고이

ташаа 잘못된
타샤-

таших 박수치다
타쉬흐

ташуу 기울어진
타쇼-

ташуур 채찍
타쇼-르

таяг 지팡이
타약

театр 극장
띠아트르

теннис 테니스
테니스

телевиз 텔레비전
텔레비즈

техник 기술
테흐닉

тив 대륙
티우

тийм 그러한
티-임

иймэрхүү 그러한
티-메르후-

тийнхүү 그렇게 해서
티-잉후-

тийш 그리
티-쉬

титэм 관
티템

товлох 정하다
터울러흐

товойх 튀어나오다
터워흐

товч 단추
텁치

товчлол 간추림
텁칠럴

товчлох 텁칠러흐	간추리다
товчоо 텁처-	사무소
тоглолт 터글럴트	경기
тоглоом 터글러-엄	놀이
тоглох 터글러흐	놀다
тоглуулах 터글로-올라흐	놀게 하다
тогоо 터거-	솥
тогооч 터거-치	요리사
тогоруу 터거로-	학
тогтвор 턱트워르	안정
тогтворжих 턱트워르지흐	안정되다
тогтмол 턱트멀	정기적인
тогтолцоо 턱털처-	체제
тогтоол 턱털	결정
тогтоох 턱터-흐	정하다
тогтох 턱터흐	정해지다
тогтуун 턱통	평온한
тод 터뜨	분명히
тодорхой 터떠르헤	뚜렷한
тодорхойлол 터떠르헐럴	정의
тодорхойлох 터떠르헐러흐	정의하다
тодотгох 터떠트거흐	명확히 하다
тодрох 터뜨러흐	뚜렷해지다
тойм 터임	개요

тоймч 터임치	평론가	**толь** 털	거울
тойн 텅	스님	**толь бичиг** 털 비식	사전
тойрог 터이럭	궤도	**том** 텀	큰, 대
тойрон 터이렁	일주	**томдох** 텀더흐	크다
тойрох 터이러흐	돌다	**томилолт** 터밀럴트	임무
тойруу 터이로-	돌려서	**томилох** 터밀러흐	임명하다
тойруулах 터이롤라흐	돌리다	**томоогүй** 터머-귀	어린
толбо 털버	자국	**томоожих** 터머-지흐	성숙해지다
толгод 털거드	언덕	**томоотой** 터머-터	점잖은
толгой 털거이	머리	**томоохон** 터머-헝	상당히
толгойлох 털거일러흐	이끌다	**томрох** 텀러흐	크다
толигор 털리거르	매끈한	**томуу** 터모-	독감

томшгүй 무수한
텀시구이

томъёо 공식, 용어
터묘

тонгойх 허리를 굽히다
텅거이흐

тонгорох 나뛰다
텅거러흐

тонилох 떠나다
터닐러흐

тонн 톤
턴

тоног 장식
터넉

тоноглох 시설하다
터넉러흐

тонох 털다
터너흐

тоо 수, 숫자
터-

тоогүй 무수한
터-귀

тоогүй 유감스러운
터-귀

тооллого 결산, 조사
터-얼럭

тоолол 기원
터-얼럴

тоолох 세다
터-얼러흐

тоомсоргүй 무관심한
터-엄서르구이

тооно 환기창
턴

тоор 복숭아
터-르

тоос 먼지
터-스

тоосго 벽돌
터-스거

тоох 존경하다
터-흐

тооцоо 계산
터-처-

тоос сорогч 진공청소기
터-스 서럭치

тооцоолох 터-철러흐	산출하다
тооцоолуур 터-철로-르	계산기
тооцох 터-처흐	세다
тор 터르	그물
торго 터르거	비단
торгон зам 터르겅 잠	실크로드
торгох 터르거흐	벌금을 물리다
торгууль 터르괼	벌금
тордох 터르더흐	부양하다
торниун 터르니옹	발육이 좋은
торних 터르니흐	자라다
торох 터러흐	걸리다
торт 터르트	케이크
торх 터르흐	통
тос 터스	기름
тосгон 터스겅	마을
тосгуур 터스고-르	싱크대
тослог 터슬럭	지방질
тослох 터슬러흐	기름을 바르다
тосон турхлэг 터성 투르흘렉	연고
тосох 터서흐	마중 나가다
тоть 터트	앵무새
тохилог 터힐럭	쾌적한
тохиолдол 터히얼덜	경우

тохиолдох 터히얼더흐	닥치다
тохиргоо 터히르거-	조절
тохиролцоо 터히럴처-	합의
тохиролцох 터히럴처흐	합의하다
тохиромж 터히럼지	알맞은
тохироо 터히러-	적당한
тохирох 터히러흐	알맞다
тохогдох 터헉더흐	짊어지다
тохой 터허이	팔꿈치
тохох 터허흐	얹다
тохуу 터호-	농담
тохуурхах 터호-르하흐	농담을 하다
тохь 터흐	편리
төв 툽	중심
төвд 툽드	테베트
төвийх 투위-흐	부풀다
төвлөрүүлэх 투을르루-레흐	집중하다
төвлөрөх 투을르레흐	중심이 되다
төвөг 투욱	폐
төвөнх 투은흐	후두
төгрөг 투그륵	투그륵
төгс 툭스	완전한
төгөлдөр хуур 투글두르 호-르	피아노

төгсгөл 툭스굴	끝, 결말	**төлөвлөх** 툴릅르흐	계획하다
төгсгөх 툭스구흐	끝내다	**төлөвших** 톨롭쉬흐	형성되다
төгсөлт 툭슬트	끝, 졸업	**төлөг** 툴륵	한 살짜리 양
төгсөх 툭스흐	끝나다	**төлөг** 툴륵	점
төдий 투디-	뿐인	**төлөгч** 툴륵치	점쟁이
төдийгүй 투디-구이	뿐만 아니라	**төлөө** 툴러-	위해
төдийд 투디-드	그 때에	**төлөөлөгч** 툴럴럭치	대표
төл 툴	새끼	**төлөөлөх** 툴럴러흐	대표하다
төлбөр 툴부르	요금	**төлөөс** 툴러-스	값, 대금
төлөв 툴릅	가능성	**төлөх** 툴르흐	지불하다
төлөвлөлт 툴릅를트	계획	**төмөр** 투므르	쇠, 철
төлөвлөгөө 툴릅르거-	계획	**төмөр зам** 투므르 잠	철도

төмөрлөг 투므를럭	금속	төрөлхтөн 투를흐퉁	생명
төмпөн 툼풍	대야	төрөх 투르흐	태어나
төмс 툼스	감자	төрүүлэх 투룰레흐	발생시키다
төө 투-	뼘	төрх 투르흐	생김새
төөлөх 투-울르흐	뼘을 재다	төрхөм 투르흠	친정
төөнөх 투-느흐	내리쬐다	төсөв 투습	예산
төөрөг 투-륵	운수	төсөл 투슬	계획
төөрөх 투-르흐	헤매다	төсөө 투스-	비슷한 점
төр 투르	정부	төсөөгүй 투스-구이	닮지 않은
төрөл 투를	친척	төсөөтэй 투스-테	닮은
төрөлт 투를트	출산	төсөөлөх 투스-울르흐	예상하다
төрөлх 투를흐	타고난	төсөөрөх 투스-르흐	서투르게 되다

трөктор 트랙터
트륵터르

троллейбус 무궤도 전차
트럴리부스

туг 깃발
톡

тугал 송아지
토갈

туйл 극
토일

туйлах 함부로 쓰다
토일라흐

туйлбартай 안정한
토일바르태

туйлдах 지치다
토일다흐

туйлшрал 치우짐
토일쉬랄

туйпуу 벽돌
토이포

тул 연어의 일종
톨

тул 위해, 위해서
톨

тулалдаан 싸움
톨랄다-앙

тулалдах 싸우다
톨랄다흐

тулах 짚다
톨라흐

тулга 삼발이
톨락

тулгар 최초의
톨가르

тулгарах 직면하다
톨가라흐

тулгах 강요하다
톨가흐

тулгуур 버팀목
톨고-르

тургуурлах 버티다
톨고-를라흐

тулд 위해서
톨드

тун 매우
통

тун (약) 1회분
통

тунадас 강수량
톤다스

тунах 가라앉다
토나흐

тунгаах 심사숙고하다
톤가-흐

тунгалаг 맑은
톤갈락

тунгалаг 림프
톤갈락

тунирхал 삐지다
토니르할

тунирхах 토라지다
토니르하흐

туних 뿌루퉁하다
토니흐

тунтайх 쭈그리다
톤태흐

тунтгар 통통한
톤트가르

тунхаг 선언
통학

тунхаг бичиг 성명서
통학 비칙

тунхаглах 선언하다
통학라흐

тураалтай 야윈
토라-알태

тураах 살을 빼다
토라-흐

туранхай 마른
토랑해

турах 마르다
토라흐

тургих 내뿜다
토르기흐

турхирах 부추기다
토르히랄

турш 동안
토르쉬

туршилт 실험
토르쉴트

турших 실험하다
토르쉬흐

туршлага 경험
토르쉴락

тус 이익
토스

тусагдахуун 대상
토삭다호-옹

тусам 수록
토삼

тусархуу 친절한
토사르호-

тусах 비치다
토사흐

тусгаар 독립적으로
토스가-르

тусгаарлагч 절연재
토스가-를락치

тусгаарлах 분리하다
토스가-를라흐

тусгай 특별한
토스개

тусгайд 별도로
토스개드

тусгал 반사
토스갈

тусга 비추다
토스가흐

тусгүй 소용없는
토스구이

тусдаа 따로
토스다-

туслагч 조수
토슬락치

тусламж 도움
토슬람지

туслах 돕다
토슬라흐

тусмаа 수록
토스마-

тустай 도움이 되는
토스태

тусч 착한
토스치

тутам 마다
토탐

тутарга 벼
토타를락

тууж 이야기
토-찌

тууз 리본
토-즈

туулай 토끼
토-올래

Т

туулах 토-올라흐	건너다	**туухай** 토-해	저울추
туулга 토-올락	변비약	**тууш** 토-쉬	곧게
тууль 토-올	서사시	**туушгүй** 토-쉬구이	주저하는
туульч 토-올치	서사시인	**тууштай** 토-쉬태	일관된
туурай 토-래	발굽	**тухай** 토해	대하여
туурах 토-라흐	발진이 생기다	**тухай бүр** 토해 부르	그때그때
туурвил 토-르윌	작품	**тухайлах** 토핼라흐	추측하다
туурвих 토-르위흐	저술하다	**тухайлбал** 토핼발	가령
туурга 토-락	벽	**тухайн** 토행	해당
туургатан 토-락탕	민족	**тухлах** 토흘라흐	편히 쉬다
туух 토-흐	몰다	**тухтай** 토흐태	편안한
туулайчлах 토-올래칠라흐			무임승차하다

тушаа 근처
토샤-

тушаах 명령하다
토샤-흐

туших 묶다
토쉬흐

туяа 빛
토야

туялах 빛나다
토얄라흐

туяарах 빛나다
토야라흐

туялах 노을 지다
토얄라흐

туялзах 흔들리다
토얄자흐

туяхан 가냘픈
토야항

түвшин 수준, 안정된
툽싱

түвэг 말썽
투웍

түвэггүй 부담 없이
투웍구이

түвэгтэй 귀찮은
투웍테

түвэгшээх 귀찮아하다
투웍셰-흐

түг 두근
툭

түг түм 수만의
툭 툼

түг түмэн 수많은
툭 투멩

түгдрэх 더듬거리다
툭드레흐

түгжигдэх 잠기다
툭직데흐

түгжих 잠그다
툭지흐

түгжрэл 체증
툭지렐

түгжрэх 막히다
툭지레흐

түгжээ 자물쇠
툭제-

түгших 긴장하다
툭쉬흐

түгшүүлэх 긴장시키다
툭슈-울레흐

түгшүүр 경보
툭슈-르

түгэлт 확산
투겔트

түгэх 퍼지다
투게흐

түгээвэр 분배소
투게-웨르

түгээмэл 보편적
투게-멜

түгээх 퍼뜨리다
투게-흐

түдгэлзэх 삼가다
투드겔제흐

түдэх 연기되다
투데흐

түйвээн 혼란
투이웨-엔

түйвээх 파괴하다
투이웨-흐

түймэр 화재
투이메르

түймэрдэх 화재 나다
투이메르데흐

түйтгэр 장해
투이트게르

түлхүү 주로
툴후-

түлхүүр 열시
툴후-르

түлхүүр үг 암호
툴후-르 욱

түлхэх 밀다
툴헤르

түлхээс 밀기
툴헤-스

түлш 연료
툴시

түлэгдэл 화상
툴렉델

түлэгдэх 데다
툴렉데흐

түлхүүрдэх 열쇠로 열다
툴후-르데흐

түлэнхий 툴렝히-	화상	**түнтийх** 툰티-흐	부풀다
түлэх 툴레흐	데다	**түнх** 퉁흐	고관
түлээ 툴레-	땔감	**түнш** 툰쉬	파트너
түлээчин 툴레-칭	나무꾼	**түншлэх** 툰쉬레흐	파트너가 되다
түм 툼	만	**түр** 투르	임시적
түмбэгэр 툼베게르	둥근	**түр зуур** 투르 조-르	잠깐
түмэн олон 투멩 얼릉	대중	**түргэн** 투르겡	빠른
түмэнтээ 투멘테-	수만 번	**түргэсэх** 투르게세흐	빨라지다
түнжин 툰징	화목	**түрий** 투리-	장화의 몸통
түнтгэр 툰트게르	불룩한	**түрийвч** 투맆치	지갑
түнтийлгэх 툰틸게흐	부풀리다	**түрлэг** 투를렉	후렴
түргэн тусламж 투르겡 토슬람지			응급치료

түрлэг 투를렉	밀물	**түрэх** 투레흐	밀다
түрс 투르스	알	**түрээс** 투레-스	집세
түрүү 투루-	우승	**түрээслэгч** 투레-슬렉	임차인
түрүүлэх 투룰레흐	앞지르다	**түрээслэх** 투레-슬레흐	빌리다
түрүүлгээ 투룰게-	엎드려	**түс тас** 투스 타스	딱 잘라서
түрүү 투루-	처음	**тусхийх** 투스히-흐	갑자기
түрхлэг 투르흘렉	연고	**түүвэр** 투-웨르	모음집
түрэмгий 투렘기-	침략적인	**түүвэрлэх** 투-웨를레흐	모으다
түрэмгийлэх 투렘길레흐	침략하다	**түүдэг гал** 투-덱 갈	모닥불
түрхэх 투르헤흐	바르다	**түүнд** 툰드	그에게

түрээслүүлэгч
투레-스룰렉치
임대인

түрээслүүлэх
투레-스룰레흐
임대하다

түүний 그의
투-니-

түүнийг 그를
투-니-그

түүнийх 그의 것
투-니-흐

түүнтэй 그와 같이
툰테

түүнчлэн 역시
툰칠렝

түүнээс 그에게서
투-네-스

түүртэлгүй 쉽게
투-르텔구이

түүх 역사
투-흐

түүх 따다
투-흐

түүхий 날, 생
투-히-

түүхий эд 원료
원료

түүхт 역사적인
투흐트

түүхч 역사가
투흐치

түхийх 불쑥 나오다
투히-흐

түшиг 의지
투식

түших 기대다
투시흐

түшин 기지
투신

түшлэг 등받이
투실렉

түшмэл 관리
투시멜

түшүүлэх 기대놓다
투슈-울레흐

тэвдүү 쩔쩔매는
텝두-

тэвдэх 서두르다
텝데흐

түүс болох 간절히 바라다
투-스 벌러흐

т

тэврэлдэх 서로 껴안다
텝렐데흐

тэврэх 안다
텝레흐

тэвх 버팀목
텝흐

тэвчих 참다
텝치흐

тэвчээр 참을성
텝체-르

тэвш 구유
텝쉬

тэвэг 제기
테웩

тэвэр 아름
테웨르

тэвээрэх 살이 찌다
테웨-레흐

тэг 영
텍

тэгш тоо 짝수
텍쉬 터-

тэгшлэх 고르게 하다
텍실레흐

тэгшрэх 곧아지다
텍시레흐

тэгэх 그렇게 하다
테게흐

тэгээд 그리고
테게-드

тэд 그들
테드

тэдгээр 그들
테드게-르

тэжээвэр 길들인
테제-웨르

тэжээл 사료
테제-엘

тэжээх 기르다
테제-흐

тэлчлэх 발버둥치다
텔칠레흐

тэлэлт 확장
텔렐트

тэлэх 펴다
텔레흐

тэлээ 허리띠
텔레-

тэлээс 펼침
텔레-스

тэмдэг 기호
템덱

тэмдэглэгээ 표시
템덱레게-

тэмдэглэл 기록
템데렐

тэмдэглэлт 기념하는
템덱렐트

тэмдэглэх 기록하다
템덱레흐

тэмтрүүл 더듬이
템트루-울

тэмтрэх 더듬다
템트레흐

тэмтчих 더듬거리다
템트치흐

тэмүүлэл 갈망
테물렐

тэмүүлэх 갈망하다
테물레흐

тэмцэгч 전사
템첵치

тэмцэл 투쟁
템첼

тэмцэлдэх 싸우다
템셀네흐

тэмцэх 다투다
템체흐

тэмцээн 경기
템쳉

тэмээ 낙타
테메-

тэмээлзгэнэ 잠자리
테멜즈겡

тэнгэр 하늘
텡게르

тэнгис 바다
텡기스

тэнд 거기
텐드

тэнийлгэх 펴다
테닐게흐

тэнийх 펴지다
테니-흐

тэнсэх 시험하다
텐세흐

тэнүүлч 나그네
테눌치

тэнхлүүн 정정한
텡흐룽

тэнхлэг 축
텡흘렉

тэнхрэх 회복하다
텡흐레흐

тэнхээ 기운
텡헤-

тэнхээтэй 힘센
텡헤-테

тэнцвэр 균형
텐츠웨르

тэнцүү 동등의
텐추-

тэнцэх 일치하다
텐체흐

тэнцүүлэх 균형을 잡다
텐출레흐

тэнэг 바보
테넥

тэнэглэх 바보짓을 하다
테넥레흐

тэнэгтэх 바보같이 굴다
테넥테흐

тэнэгэр 곧은
테네게르

тэнэмэл 떠도는
테네멜

тэнэх 방황하다
테네흐

тэр 그,저
테르

тэрбум 10억
테르붐

тэргүүн 머리
테르궁

тэргүүлэгч 우두머리
테르구-울렉치

тэргүүлэх 이끌다
테르굴레흐

тэрлэг 여름에 입는 델
테를렉

тэрлэх 형성하다
테를레흐

тэрс 반대의
테르스

тэрслэх 반대하다
테르슬레흐

тэртээ 건너
테르테-

тэрхүү 저, 그
테르후-

тэрчлэн 또한
테르칠렝

тэрэг 수레
테렉

тэс 완전히
테스

тэсвэр 인내심
테스웨르

тэсвэрлэх 참다
테스웨를레흐

тэсвэртэй 잘 참는
테스웨르테

тэсрэг 반대의
테스렉

тэсрэлт 폭발
테스렐트

тэсрэх 폭발하다
테스레흐

тэсэх 참다
테세흐

тэтгэвэр 연금
테트게웨르

тэтгэмж 수당
테트겜지

тэтгэх 도와주다
테트게흐

тэших 미끄러지다
테쉬흐

тэшүүр 스케이트
테슈-르

тээвэр 운송
테-웨르

тээврийн яам 교통부
테-웨링 얌

тээвэрлэх 운송하다
테-웰를레흐

тээр 걸림돌
테-르

тэсгэлгүй 더할 나위 없이
테스겔구이

т

тээршээх 부담 갖다
테-르셰-흐

тээрэм 맷돌
테-렘

тээх 운반하다
테-흐

тээш 화물
테-쉬

у

увдис 마법
오위디스

удвал цэцэг 국화
오뜨왈 체첵

уг 기원, 근원
옥

угаагуур 수세미
오가-고-

угаадас 구정물
오가-다스

угаалга 빨래
오갈락

угжих 젖병을 물리다
옥지흐

угз 확
옥즈

угзрах 확당기다
옥즈리흐

угсаа 혈통, 출신
옥사-

угсаатан 겨레, 민족
옥사-탕

угсаатны зүй 민속학
옥사트니 주이

угсраа 연속한
옥스라-

угсрагч 조립공
옥스락치

угсралт 조립
옥스랄트

угсармал 조립식
옥사르말

угаалтуур 세면대, 싱크대
오갈토-르

угаах 씻다, 빨다, 설거지하다
오가-흐

угж 젖병, 고무젖꼭지
옥지

угсрах 옥스라흐	조립하다	**удах** 오따흐	늦다, 오래 걸리다
угтах 옥타흐	맞이하다	**уйгур** 오이고르	(종족) 위구르
угтвар 옥트와르	접두사	**уйдах** 오이다흐	심심하다
угтвар үг 옥트와르 욱	전치사	**уйлаан** 오일랑	울부짖음
удаа 오따-	번, 회	**уйлагнах** 오일락나흐	흐느껴 울다
удаан 오땅	느리다, 느린, 오래	**уйлалдах** 오일랄다흐	울부짖다
удаашрах 오따-쉬라흐	늦어지다	**уйламтгай** 오일람트게	울보
удаашруулах 오따-쉬롤라흐	오래끌다	**уйлах** 오일라흐	울다
удалгүй 오딸귀	곧, 금방	**уйлуулах** 오일롤라흐	울리다
удахгүй 금오따흐귀	곧,	**уймраа** 오이므라	긴장한, 얼빠진
удам 오땀	혈통, 가문	**уймрах** 오이므라흐	불안해하다
удамших 오담쉬흐	유전하다	**уйтгар** 오이트가르	쓸쓸한, 외로운

ул 올	발바닥	**улаан лооль** 올랑 롤	토마토
ул мөр 올 무르	흔적, 발자취	**улаан лууван** 올랑 로-방	당근
ул суурь 올 소-르	기초, 토대	**улаан перец** 올랑 페르츠	고추
ул үндэс 올 운데스	근거, 이유	**улаач** 올라-치	마부
улаа 올라-	역마	**улайлгах** 올랄가흐	붉히다
улаавтар 올랍타르	붉은	**улайрах** 올래라흐	붉어지다
улаан 올	빨간, 붉은	**улайх** 올래흐	빨개지다
улаан буудай 올랑 보-대	밀	**улайсах** 올래사흐	달구어지다
улаан вино 올랑 위노	붉은 포도주	**улайсгах** 올래스가흐	달구다
улаан загалмай 올랑 자갈매	적십자	**улалзах** 올랄자흐	빨갛게 타다

уйтгарлах
오이트가를라흐   슬퍼지다, 쓸쓸해지다

уйтгартай
오이트가르태   슬픈, 쓸쓸한, 외로운

улам 더, 더욱
올람

уламжлал 전통
올람질랄

уламжлалт 전통적인
올람질랄트

уламжлах 전수받다
올람질랄흐

уланга сах 날뛰다
올랑가사흐

улбагар 약한
올바가르

улбар 빨간색
올바르

улиас 포플러
올리아스

улиг 케케묵은
올릭

улирал 계절, 학기
올리랄

улс 나라, 국가
올스

улсын их хурал 국회
올싱 이흐 호랄

умай 자궁
오매

умард 북, 북쪽의
오마르드

умбах 헤엄치다
옴바흐

умдаг 음부
옴닥

унаа 교통수단
오나–

унага 망아지
오낙

уламжлалын нам 보수당
올람질랄링 남

улиг домог 케케묵은 전설
올릭 더먹

унагаах 넘어뜨리다, 떨어뜨리다
오나가–흐

унaлт 떨어짐
오날트

унгар 헝가리
옹가르

унгас 털
온가스

унгах 방귀를 뀌다
온가흐

унд 음료
온드

ундаа 음료
온다-

ундаасах 목이 마르다
온따샤흐

ундарга 샘, 원천
온드락

ундрах 솟다
온드라흐

унжгар 처진
온지가르

унжийх 수그러지다
온지-흐

унжрах 지연되다
온지라흐

унжлага 늘어뜨린
온질락

унжих 처지다
온지흐

униар 아지랑이
오니아르

унтах 자다, 잠들다
온타흐

унтлага 잠, 수면
온틀락

унтраах 끄다
온트라-흐

унтрах 꺼지다
온트라흐

унтуулах 재우다
온툴라흐

уншигч 독자
온식치

унших 읽다, 강의하다
온시흐

унах 쓰러지다, 넘어지다, 떨어지다
오나흐

уншлага 독서
온실락

ура 만세, 환성
오라

ураг 친족, 태아
오락

урагдах 찢어지다
오락다흐

урагш 앞으로
오락쉬

урагшлах 앞으로 가다
오락쉴라흐

уралдаан 경기
오랄땅

уралдах 경기하다
오랄따흐

урам 보람, 격려
오람

урамших 격려를 받다
오람시흐

урамшил 격려, 장려
오람실

уран 예술적인
오랑

уран арга 기법
오랑 아락

уран барилга 건축
오랑 바릴락

уран баримал 조각
오랑 바리말

уран барималч 조각가
오랑 바리말치

уран бүтээл 예술 작품
오랑 부텔

уран бүтээлч 예술가
오랑 부텔치

уран зохиол 문학
오랑 저혈

уран зохиолч 문학가
오랑 저혈치

уран зураг 회화
오랑 조락

уран илтгэгч 웅변가
오랑 일트겍치

унь (게르) 지붕의 얼개 막대기
온

уран илтгэл 웅변
오랑 일트겔

уран мэх 기교
오랑 메흐

уран сайхан 예술적인
오랑 새항

уран уншлага 웅변
오랑 옹실락

урах 찢다, (개)물다
오라흐

урвах 배신하다
오르와흐

ургамал 식물, 초목
오륵말

ургах 자라다
오르가흐

ургац 작물
오르가치

ургац баян 풍작
오르가치 비앙

ургац муу 흉작
오르가치 모-

ургац хураах 추수하다
오르가치 호라-흐

урд 앞의
오르뜨

урдуур 앞으로
오르또-르

уржигдар 그저께
오르직다르

уриа 표어, 구호
오리아

уран нугараач 연체 곡예사
오랑 노가라-치

уран нугаралт 연체 곡예
오랑 노가랄트

уран сайхны кино 영화
오랑 새흐니 키노

ургуулах 기르다, 재배하다
오르골라흐

у

уриалга 오리알락	호소, 권고	**урт эгшиг** 오르트 엑식	장모음
урилга 오릴락	초대, 초대장	**уртдах** 오르트다흐	길다
урих 오리흐	초대하다	**уртсах** 오르트사흐	길어지다
урлаг 오를락	예술	**уртраг** 오르트락	경도
урсах 오르사흐	흐르다	**уруу** 우로-	아래로
урсгал 오르스갈	흐름	**уруул** 오롤	입술
урсгах 오르스가흐	흘리다	**уруулын будаг** 오롤링 보딱	립스틱
урт 오르트	길이	**уршиг** 오르식	해
урт 오르트	긴, 길다	**урьд** 오르뜨	이전에

уриалах 호소하다, 권고하다
오리알라흐

уртасгах 길게하다, 늘리다
오르타스가흐

урьдаас 예전부터, 먼저, 미리
오르따-스

урьдаар 먼저, 우선, 미리
오르따-르

урьдчилан 먼저, 미리
오르뜨칠랑

урьдчилгаа 가불, 선불
오르뜨칠가-

урьхан 부드러운
오르항

ус 물
오쓰

усан будаг 물감
오씅 보딱

усан зам 수로
오씅 잠

усан онгоц 배, 선박
오씅 엉거츠

усан сан 수영장
오쌍 상

усан спорт 수상경기
오쌍 스퍼르트

усан эм 물약
오씅 엠

усархаг 물이 많은
오쓰르학

усжих 물이 있는
오쓰지흐

услах 물을 주다
오슬라흐

усны гутал 장화
오쓰니 고탈

усны үхэр 하마
오쓰니 우헤르

устах 사라지다, 소멸되다
오쓰타흐

утаа 연기
오타-

утас 실, 전화, 전선
오트스

утасдах 전화하다
오트스다흐

утга 뜻, 의
오탁

ууган 맏이
오-강

уугих 연기 나다
오-기흐

уугуул 본토박이
오-골

у

уудам 넓은
오-담

уудлах 옮겨 붓다
오-뜰라흐

уужим 넓은
오-짐

уул 산
올

уулзалдах 만나다
올잘다흐

уулзалт 만남
올잘트

уулзах 만나다
올자흐

уулзуулах 만나게 하다
올졸라흐

уулчин 등산가
올칭

уур 김, 증기
오-르

уур 화, 성
오-르

уураг 단백질
오-락

уурлах 화를 내다
오-를라흐

уурхай 광산
오-르해

уурших 증발하다
오-르실

уусах 녹다
오-싸흐

уусгах 녹이다
오-쓰가흐

уусмал 용액
오-쓰말

уут 봉지, 봉투
오-트

уух 마시다
오-흐

ухилах 헐떡이다
오-힐라흐

ууц 엉치등뼈
오-츠

уужуу 넓은, 느긋하게, 후련한
오-조-

уучлал 용서, 사과
오-칠랄

уучлах 용서하다
오-칠라흐

уушиг 폐
오-식

ухаан 지혜, 슬기
오항

ухаантан 현자
오항탕

ухаарах 깨닫다
오하-라흐

ухагдахуун 개념
오학다홍

ухамсар 의식
오함사르

ухах 파다
오하흐

ухуулах 선전하다
오훌라흐

учир 원인, 이유
오치르

учир зүй 논리
오치르 주이

учирлах 설득하다
오치를라흐

учрал 만남
오치랄

учрах 만나다, 닥치다
오치라흐

уяа 끈, 줄
오야

уяач 경주마 조련사
오야치

уялдаа 연결, 연계, 유기
오얄다-

уялдах 연관되다
오얄다흐

уян 유연한, 부드러운
오양

уучлашгүй 용서할 수 없는
오-칠라쉬귀

учруулах 직면시키다, 끼치다
오치롤라흐

у

уянга 운율적, 서정적
오양가

уянгат 서정적인
오양가트

уянгалах 서정적이 되다
오양갈라흐

уярах 감동하다
오야라흐

уяруулах 감동시키다
오야롤라흐

уярам 감동적인
오야람

уях 묶다, 매다
오야흐

уях 경마를 조련하다
오야흐

уянгалаг 아름다운, 서정적인
오양갈락

уяхан 부드러운, 정이 많은
오야항

Ү

үг
욱
말

үг алдах
욱 알다흐
실언하다

үгдрэх
욱드레흐
병이 재발하다

үглэх
욱레흐
잔소리하다

үглээ
욱레-
잔소리가 심한

үгүй
우귀
아니다

үгүйрэл
우구이렐
파산

үгүйрэх
우구이레흐
파산하다

үгүйсгэх
우구이스게흐
부정하다

үд
우드
낮, 정오

үдэх
우데흐
전송하다

үдэш
우데쉬
저녁

үдэшлэг
우데쉴렉
파티

үдээс
우데-스
끈

үе
우에
마디, 관절

үе
우에
세대

үер
우에르
홍수

үерлэх
우에를레흐
홍수가 나다

үерхэл
우에르헬
우정

үерхэх
우에르헤흐
우정을 나누다

үзвэр
우즈웨르
관람

үзлэг
우즐렉
검사

үзмэр 우즈메르	전시물
үзмэрч 우즈메르치	점쟁이
үзүүлбэр 우줄베르	공연
үзүүлэлт 우줄렐트	지표
үзүүлэн 우줄렝	시각 자료
үзүүлэх 우줄레흐	보여주다
үзүүр 우주–르	끝
үзэг 우젝	만년필
үзэгдэл 우젝델	현상
үзэгдэх 우젝데흐	보이다
үзэгч 우젝치	관객
үзэл 우젤	사상, 주의
үзэл санаа 우젤 사나–	관점
үзэлтэн 우젤텡	사상가, 주의자
үзэм 우젬	건포도
үзэмж 우젬지	모습
үзэсгэлэн 우제스겔렝	전시회
үзэх 우제흐	보다
үйл 우일	일
үйлдвэр 우일드웨르	공장
үйлдвэржих 우일드웨르지흐	산업화
үйлдвэрлэл 우일드웨를렐	생산
үйлдвэрлэх 우일드웨를레흐	생산하다
үйлдвэрчин 우일드웨르칭	생산자

үйлийн үр 우일링 우르	인과응보	**үйрэх** 우이레흐	부서지다
үйлс 우일스	재수	**үл** 울	안, 못
үйлс 우일스	일, 행동	**үл барам** 울 바람	뿐만 아니라
үйлчилгээ 우일칠게-	서비스	**үлгэр** 울게르	보기
үйлчлүүлэгч 우일칠룰렉치	고객	**үлгэр** 울게르	옛이야기
үйлчлэгч 우일칠렉치	종업원	**үлдэгдэл** 울덱델	나머지
үйлчлэх 우일칠레흐	접대하다	**үлдэх** 울데흐	남다
үймүүлэх 우이무-울레흐	방해하다	**үлэг гүрвэл** 우렉 구르웰	공룡
үймээн 우이멩	혼란	**үлэмж** 울렘지	아주
үйрмэг 우이르멕	부스러기	**үлээх** 울레-흐	불다
үйрүүлэх 우이룰레흐	부수다	**үмх** 움흐	한 입
үл хөдлөх хөрөнгө 울 후틀루흐 후릉거			부동산

үмхэх 한 입 먹다
움헤흐

үнгэх 구기다
운게흐

үндсэн 주된
운드승

үндэс 뿌리, 근본
운데스

үндэслэл 근거
운데스렐

үндэслэн 근거하여
운데스렝

үндэслэх 뿌리를 두다
운데스레흐

үндэсний 국가의
운데스니-

үндэстэн 국가
운데스텡

үнс 재
운스

үнсэх 뽀뽀하다
운세흐

үнэ 가격, 값
운

үнэг 여우
우넥

үнэлэлт 평가
우넬렐트

үнэлэх 평가하다
우넬레흐

үнэмлэх 증명서
우넴레흐

үнэмлэхүй 절대적
우'넴레후이

үнэмших 믿다
우넴쉬흐

үнэн 진실
우넹

үнэнч 정직한
우넹치

үнэр 냄새
우네르

үнэрлэх 냄새를 맡다
우네를레흐

үнэртэй ус 향수
우네르테 오스

үнэртэн 화장품
우네르텡

үнэртэх 우네르테흐	냄새나다
үнэт 우네트	값비싼
үнэт цаас 우네트 차-스	유가증원
үнэтэй 운테	가격의
үнэхээр 우네헤-르	정말로
үнээ 우네-	암소
үр 우르	자손
үр 우르	씨
үр тариа 우르 타리아	곡물
үргэлж 우르겔지	언제나
үргэлжлэх 우르겔질레흐	계속되다
үргэх 우르게흐	놀라다
үржил 우르질	생식
үржих 우르지흐	번식하다
үржүүлэг 우르줄렉	사육
үржүүлэгч 우르줄렉치	사육자
үржүүлэх 우르줄레흐	번식시키다
үрс 우르스	자손
үрчийх 우르치-흐	주름을 생기다
үрчлээ 우르칠레-	주름살
үрчлэх 우르칠레흐	입양하다
үрэвсэл 우렙셀	염증
үргэлжлүүлэх 우르겔즈룰레흐	계속하다

Ү

үрэл 우렐	알	**үүдэн шүд** 우뎅 슈드	앞니
үрэлт 우렐트	마찰	**үүл** 우울	구름
үрэх 우레흐	낭비하다	**үүлдэр** 우울데르	종
үрээ 우레-	수말	**үүлших** 우울쉬흐	구름을 끼다
үс 우스	털	**үүлэрхэг** 우울레르헥	흐린
үсрэх 우스레흐	뛰어오르다	**үүн шиг** 웅 식	이처럼
үсчин 우스칭	이발사	**үүний** 우-니-	이것의
үсэг 우섹	글자, 문자	**үүр** 우-르	둥지
үтрэм 우트렘	탈곡장	**үүр** 우-르	새벽
үүгээр 우-게-르	이것을 가지고	**үүргэвч** 우-르겝치	배낭
үүд 우-드	문, 현관	**үүрэг** 우-렉	의무
үүднээс 우-드네-스	입장에서	**үүсгэх** 우-스게흐	시작하다

үүсэл 시초, 기원
우-셀

үүсэх 일어나다
우-세흐

үүц 저장 육류
우-치

үхдэл 시체
우흐델

үхтлээ 죽도록
우흐틀레-

үхэл 죽음
우헬

үхэр 소
우헤르

үхэх 죽다
우헤흐

Ү

ф

фабрик 공장
파브릭

факс 팩스
팍스

фашизм= 파시즘
파시즘

фашист 파시스트
파시스트

феодал 영주
페어달

ферм 농장
페름

фермент 효소
페르멘트

физик 물리학
피직

физикч 물리학자
피직치

физиологи 생리학
피질러기

филисофи 철학
필리서피

филисофич 철학자
피리서피치

фирм 회사
피름

фокус 초점
퍼코스

фонд 자금
폰드

фондлох 적립하다
폰들러흐

фонем 음소
포넴

фото 사진
포터

фракц 프락치
프락치

фронт 전방, 전선
프런트

фтор 불소
프터르

ф

Х

хаа 어디
하—

хаагдах 닫히다
하—악다흐

хаалга 문
하—알락

хаалгач 문지기
하—알락치

хаалт 칸막이
하—알트

хаалттай 비공개
하—알트태

хаан 왕
하—앙

хаант 왕이 있는, 제국
하—안트

хаах 닫다
하—흐

хаачих 어디로 가다
하—치흐

хаашаа 어디로
하—샤—

хааяа 가끔
하—아

хав 매우
하우

хаваас 누비
하와—스

хавагнах 붓다
하왁나흐

хаван 부종
하왕

хаваржаа 봄
하와르자—

хаваржилт 봄 나기
하와르질트

хаваржин 봄 내내
하와르징

хавах 누비다
하와흐

хавдар 종양
합다르

хавирах 갈다
하위라흐

Х

хавирга 갈비
하비락

хавсаргах 첨부하다
합사르가흐

хавсралт 첨부
합스랄트

хавсрах 겸비하다
합스라흐

хавтас 표지
합타스

хавтаслах 제본하다
합타슬라흐

хавх 덫
합흐

хавхаг 뚜껑
합학

хавцал 협곡
합찰

хавч 게
합치

хавчаар 집게
합차-르

хавчих 좁은
합치흐

хавчлага 박해
합칠락

хавчуулах 끼우다
합촐라흐

хавь 근처
하우이

хавьтал 성교
합탈

хавьтах 성교하다
합타흐

хаг 이끼
학

хагалах 깨다
하가라흐

хагалбар 갈라지는 곳
하갈바르

хагалгаа 경작, 수술
하갈가-

хагарал 분열
하가랄

хагарах 깨지다
하가라흐

хагас 절반, 반
하가스

хагацал 헤어짐
하가찰

хагацах 헤어지다
하가사흐

хагдрах 시들다
학드라흐

хагсаах 말리다
힉사-흐

хагсах 마르다
학사흐

хад 바위
하뜨

хадаас 못
하따-스

хадаастай 못이 박힌
하따-스태

хадаг 하딱
하딱

хадам 처가, 시가
하땀

хадах 베다
하따흐

хадгалах 보관하다
하뜨갈라흐

хадгаламж 예금
하뜨갈람지

хадгалуулах 예금하다
하뜨갈롤라흐

хадлан 풀베기
하뜰랑

хадуур 낫
하또-르

хажуу 옆
하조-

хажуугаар 옆으로
하조-가-르

хажуугийн 옆의
하조-깅

хажууд 옆에
하조-드

хажуулах 옆으로 눕다
하졸라흐

хазайлт 경사
하잴트

хагас сайн өдөр 토요일
하가스 생 우드르

х

хазайх 하재흐	기울다	
хазах 하자흐	깨물다	
хазганах 하즉나흐	절다	
хайгуул 해골	탐사	
хайгуулчин 해골칭	탐험가	
хайлах 핼래흐	녹다	
хайлмаг 핼막	녹은	
хайлуулах 핼롤라흐	녹이다	
хаймар 해마르	고무	
хайн 행	무승부	
хайнаг 하이낙	하이낙	
хайнга 행그	소홀한	

хайр 해르	사랑
хайран 해랑	안타까운
хайрах 해라흐	지지다
хайрлах 해를라흐	사랑하다
хайрс 해르스	비늘
хайрт 해르트	사랑하는
хайруул 해롤	프라이팬
хайрцаг 해르착	상자
хайх 해흐	찾다
хайхрамж 해흐람지	주의
хайхрах 해흐라흐	주의하다
хайч 해치	가위

хайчлах 오리다
해칠라흐

хал 고생
할

халаа 교대
할라-

халаагуур 난방기
할라-고-르

халаалт 난방 장치
할랄트

халаас 주머니
할라-스

халаах 데우다
할라-흐

халагдах 해고되다
할락다흐

халамж 보살핌
할람지

халамжлах 보살펴주다
할람질라흐

халамцуу 취한
할람초-

халах 덥다
할라흐

халбага 숟가락
할박

халгай 쐐기풀
할가이

халгах 두려워하다
할가흐

халгих 넘치다
할기흐

халдалт 전염
할달트

халдах 전염하다
할따흐

халдварт 전염
할뜨와르트

халдлага 침략
할뜰락

халз 정면
할즈

халзан 대머리
할장

халбагалах 숟가락질하다
할박라흐

х

халимаг 할리막	단발머리
халирах 할리라흐	기가 꺾이다
халиу 할리오	수달
халих 할리흐	범람하다
халирах 할리라흐	미끄러지다
халтуур 할토-르	부업
халуун 할로-옹	온도, 더위
халуун 할로-옹	뜨거운
халуун 할로-옹	매운
халууны эм 할로-니 엠	해열제
халуурах 할로-라흐	열이 나다
халууцах 할로-차흐	덥다
халх 할흐	가리게
халхлах 할흘라흐	가리다
халцлах 할츨라흐	벗기다
халшрах 할쉬라흐	꺼리다
хальс 할스	껍질
хальт 할트	얼핏
хальтгүй 할트귀	상관없다
хальттай 할트태	관계 있다
хамаарах 하마-라흐	관계하다
хамаатан 하마-탕	친척
хамаг 하막	모든
хамар 하마르	코

хамгаалагч 보호인
함갈락치

хамгаалалт 보호
함갈랄트

хамгаалах 지키다
함갈라흐

хамгийн 가장
함기-잉

хамжих 도와주다
함지흐

хамрах 포함시키다
함라흐

хамсах 협력하다
함사흐

хамт 함께
함트

хамтарсан 공동의
함타르상

хамтлаг 그룹, 밴드
함틀락

хамтрах 협동하다
함트라흐

хамтын 협력의
함티-잉

хаан 왕
한

хана 벽
한

ханагар 넓은
항가르

хангалуун 만족하다
항갈롱

хангалт 공급
항갈트

хангамж 공급
항감지

хангах 충족시키다
항가흐

хангинах 쨍그렁거리다
항기나흐

хандах 대하다
한다흐

хандгай 엘크
한드개

хамрын ханиад 코감기
하므링 하니야드

х

хандив 기부금
한디브

хандивлагч 후원자
한디브락치

хандлага 경향
한들락

хандлах 달이다
한들라흐

хандуулах 지향하다
한도-올라흐

ханз 한자
한즈

ханзлах 뜯다
한즐라흐

ханзрах 찢어지다
한즈라흐

ханиад 감기
하니아드

ханиалга 기침
하니알락

ханиах 기침을 하다
하니아흐

ханилах 교제하다
하닐라흐

хантааз 조끼
한타-즈

ханхайх 텅 비다
항해흐

ханхалзах 으스대다
항할자흐

ханцуй 소매
한초이

ханш 환율
한시

хань 친구, 동료
한

хар 검정, 흑색의
하르

хар арьстан 흑인
하르 아리스탕

хар гэр 감옥
하르 게르

хараа 시력
하라-

хараал 욕
하라-알

хараат 예속된
하라-트

хараах 하라-흐	욕하다	**харах** 하라흐	보다
харагдах 하락다흐	보이다	**харваа** 하르와-	활쏘기
харайлт 하랠트	도약	**харваач** 하르와-치	궁수
харайх 하래흐	점프하다	**харвалт** 하르왈트	사격
харам 하람	인색	**харвах** 하르와흐	쏘다
харамлах 하람라흐	인색하다	**харгалзах** 하르갈자흐	감시하다
харамсал 하람살	유감	**харгис** 하르기스	잔인한
харамсалтай 하람살태	안타까운	**харгислах** 하르기슬라흐	잔인하다
харамсах 하람사흐	애도하다	**хардалт** 하르달트	질투
харандаа 하릉다-	연필	**хардах** 하르다흐	질투하다
харанхуй 하랑호이	어두운	**харилцаа** 하릴차-	관계
харанхуйлах 하랑호일라흐			어두워지다

харилцах	하릴차-흐	관계하다
харин	하링	하지만, 그런데
харин ч	하린 치	오히려
харин ээ	하리네-	글쎄
хариу	하리오	답
хариулах	하리올라흐	답하다
хариулт	하리올트	답
хариулт	하리올트	거스름돈
хариуцлага	하리오츨락	책임
хариуцах	하리오차흐	책임을 지다
харих	하리흐	집으로 돌아가다
харлах	하를라흐	까맣게 되다
хартай	하르태	질투하는
харуул	하롤	보초
харуулах	하롤라흐	보여주다
залуу	하르후-	청년
харц	하르츠	눈길
харш	하르쉬	왕궁
харшил	하르쉴	알레르기
харших	하르쉬흐	부딪치다
харших	하르쉬흐	의심하다
харь	하르	타국의
харь гариг	하르 가릭	외계
харьцаа	하리차	관계

харьцангуй 상대적인
하르창고이

харьцах 대하다
하르치흐

харьцуулал 비교
하르촐랄

харьцуулах 비교하다
하르촐라흐

харьяа 소속
하리야

харьяалах 종속하다
하리얄라흐

харьяат 국적
하리야트

хасах 줄이다
하사흐

хатаагч 드라이어
하탁치

хатаалт 건조
하탈트

хатаах 말리다
하타-흐

хатавч 문짝
하탑치

хатагтай 부인
하탁태

хатан зөгий 여왕벌
하탕 주기

хатан хаан 여왕
하탕 항

хатах 마르다
하타흐

хатгалга 폐렴
하트갈락

хатгамал 자수
하트가말

хатгах 찌르다, 박다
하트가흐

хатуу 단단하다, 강한
하토-

хатуужих 단단해지다
하토-지흐

хахах 막히다
하하흐

хатамжлах 참다, 딱딱한
하탐질라흐

X

хахир 거친
하히르

хахууль 뇌물
하호-올

хацар 뺨, 볼
하차르

хачин 기묘한
하칭

хачир 반찬
하치르

хашаа 울타리
하샤-

хашилт 따옴표
하쉴트

хашин 게으른
하쉉

хашир 노련한
하쉬르

хаших 울타리를 치다
하쉬흐

хашрах 싫증이 나다
하쉬라흐

хаяа 물건의 가장자리
하야

хаяг 주소
하약

хаягдал 쓰레기
하약달

хаягдах 버려지다
하약다흐

хаяглах 주소를 쓰다
하야글라흐

хаях 버리다
하야흐

хиам 햄
함

хивс 카펫
힙스

хий 가스
히-

хийд 사원
히-드

хийдэх 방해되다
히-데흐

хийлдэх 바이올린을 켜다
힐데흐

хийл 바이올린
히-일

хийлгэх 시키다
힐게흐

хийлцэх 함께 하다
힐체흐

хийлч 바이올린 연주가
힐치

хийлэх 부풀리다
힐레흐

хийморь 운수
히-머리

хиймэл 인공의
히-멜

хийсвэр 주상적인
히-스웨르

хийсэх 날리다
히-세흐

хийх 하다, 만들다
히-흐

хийц 디자인
히-츠

хил 국경
힐

хиллэх 접경하다
힐레흐

хилс 잘못된
힐스

хилчин 국경 경비 군인
힐칭

хилэн 분노
힐렝

хилэнц 죄
힐렌치

хими 화학
힘

хиншүү 탄내
한슈-

хир 정도
히르

хиймэл дагуул 인공위성
히-멜 다골

хими цэвэрлэгээ 드라이클리닝
힘 체웨를레게-

х

хиртэх 히르테흐	더러워지다	**ховхлох** 허우흘러흐	벗기다
хичнээн 히치넹	얼마만큼	**ховхрох** 허우흐러흐	벗겨지다
хичээл 히첼	수업	**ховч** 헙치	고자질하는
хичээллэх 히첼레흐	공부하다	**хог** 헉	쓰레기
хичээнгүй 히쳉이	열심히 하는	**хогшил** 헉쉴	세간
хичээх 히체-흐	노력하다	**ходоод** 허떠-드	위
хов 허우	험담	**хоёр** 허여르	둘, 이
ховлогдох 허울럭더흐	탐욕스럽다	**хоёр давхар** 허여르 답하르	이층
ховор 허워르	드문	**хоёр нүүр** 허여르 누-르	위선
ховордох 허워르더흐	귀해지다	**хоёрдугаар** 허여르도가-르	두번째
ховс 허우스	최면	**хоёул** 허열	둘이서
ховсдох 허우스더흐	최면을 걸다	**хожигдох** 허직더흐	지다

хожим 허짐	나중에
хожимдох 허짐더흐	늦다
хожих 허지흐	이기다
хойг 허익	반도
хойгуур 허고-르	북쪽으로
хойд 허이드	뒤
хойно 허언	후
хойноос 허-너-스	뒤에서
хойт 허이트	뒤의, 후방의
хойш 허쉬	뒤에, 후에
хойшлох 허쉴러흐	물러나다
хоккей 허케	하키
хол 헐	먼 , 멀리
холбогдол 헐벅덜	연관
холбогдох 헐벅더흐	연결되다
холбоо 헐버-	연합
холбоос 헐버-스	접속
холбох 헐버흐	연결하다
холгох 헐거흐	까지다
холдох 헐더흐	멀어지다
холигч 헐릭치	믹서
холих 헐리흐	섞다
холилдох 헐릴더흐	섞이다
холимог 헐리먹	섞인

X

холтлох 헐틀러흐	벗기다	**хоног** 허넉	밤낮, 하루
холтрох 헐트러흐	벗겨지다	**хонох** 허너흐	묵다
холхих 헐히흐	느슨하다	**хонх** 헝흐	종
хольц 헐츠	혼합물	**хонхойх** 헝허이흐	움푹해지다
хомс 험스	부족한	**хонь** 헌	양
хомсдол 험스덜	결핍	**хоньчин** 헌칭	양치기
хомсдох 험스더흐	부족하다	**хообий** 헙비	취미
хомхой 험허-	뾰루지	**хоол** 허-얼	음식, 식사
хонгио 헌기어	속빈	**хоолой** 허-얼러	목
хонгор 헝거르	연한 황갈색의	**хоорond** 헐-렁드	사이
хонзон 헌정	미워함	**хооcлох** 허-슬러흐	비우다

хооллох
허-얼러흐

밥을 먹다, 식사를 하다

хоосон 허-승	빈	**хорио** 허리어	금지
хоосрох 허-스러흐	비다	**хорих** 허리흐	금하다
хор 허르	독	**хорих анги** 허리흐 앙기	감옥
хорвоо 허르워-	세상	**хорлогдох** 허를럭더흐	독살되다
хоргодох 허르거더흐	피하다	**хорлох** 허를러흐	독살하다
хордлого 허르뜰럭	중독	**хормогч** 허르먹치	앞치마
хордох 허르떠흐	중독되다	**хормой** 허르머이	옷자락
хордуулах 허르똘라흐	중독시키다	**хорогдол** 허럭덜	감소
хориг 허릭	금지	**хорогдох** 허럭더흐	줄다
хоригдол 허릭덜	죄수	**хором** 허럼	순간
хоригдох 허릭더흐	갇히다	**хорон** 허렁	악한
хориглох 허릭러흐	금하다	**хороо** 허러-	위원회

хороолол 허럴럴	구역
хороох 허러-흐	줄이다
хорох 허러흐	줄다
хорсох 허르서흐	미워하다
хорсол 허르설	미움
хортой 허르태	유독
хорхой 허르허이	벌레
хорхойтон 허르허이텅	팬
хорших 허르쉬흐	협동하다
хоршоо 허르셔-	조합
хоршоолох 허르셜러흐	협력하다
хорь 허르	스물, 이십
хос 허스	쌍
хослол 허슬럴	한 벌
хослох 허슬러흐	한 쌍이 되다
хот 허트	도시
хотгор 허트거르	오목한
хотол 허털	백성
хохирогч 허히럭치	피해자
хохирол 허히럴	손실
хохирох 허히러흐	피해를 입다
хохироох 허히러-흐	피해를 주다
хоцрогдох 허츠럭더흐	시대에 뒤지다

хохь 손실
허흐

хоцрогдмол 낡음
허츠럭드멀

хоцрох 늦다
허츠러흐

хоч 별명
허츠

хошигнох 농담을 하다
허쉭너흐

хошин 희극적인
허쉰

хошлон 밧줄
허쉴렁

хошой 두 번
허셔

хошуу 부리
허쇼-

хошуурах 모으다
허쇼-라흐

хошууч 소령
허쇼-치

хошуучлах 선두에 서다
허쇼-칠라흐

хөвгүүр 소년
후브구-르

хөвд 이끼
후드

хөвөн 솜
후븡

хөвөө 둘레
후브-

хөвөх 뜨다
후브흐

хөврөл 태아
후브룰

хөвсгөр 푹신한
스거르

хөвсхийх 푹신하다
스히-흐

хөвч 침엽수림
훕치

хөг 화음
훅

хөгжил 발달
훅질

хөгжилтэй 발전한
훅질테

х

хөгжим 음악
훅짐

хөгжимчин 음악기
훅짐칭

хөгжих 발달하다
훅지흐

хөгжөөн 즐거움
훅중

хөгжөөх 즐겁게 하다
훅주-흐

хөгжүүлэх 발전시키다
훅줄레흐

хөглөрөх 어수선하다
훅루르흐

хөглөх 조율하다
후그루흐

хөгц 곰팡이
훅치

хөгшдөх 나이가 많다
훅쉬드흐

хөгшин 늙은
훅싱

хөгшрөх 늙다
훅시르흐

хөдлөх 움직이다
후뜰르흐

хөдөлгөөн 움직임
후뜰궁

хөдөлгөх 움직이다
후뜰구흐

хөдөлмөр 노동
후뜰무르

хөдөө 시골
후떠-

хөл 발, 다리
훌

хөл алдах 실족하다
훌 알다흐

хөлдөх 얼다
훌두흐

хөлдөөгч 냉동실
훌뚝치

хөлдөөх 얼리다
훌뚜-흐

хөгжимдөх 악기를 연주하다
훅짐더흐

хөлжих 훌지흐 — 부자가 되다

хөллөх 훌루흐 — 메우다

хөлөг 훌륵 — 탈것

хөлрөх 훌르흐 — 땀을 흘리다

хөлс 훌스 — 땀

хөлслөх 훌슬러흐 — 나게 하다

хөмрөг 훔륵 — 국고

хөмсөг 훔숙 — 눈썹

хөнгөлөлт 훈글를트 — 할인

хөнгөмсөг 훈금석 — 경박한

хөнгөн 훈긍 — 가벼운

хөнгөрөх 훈그르흐 — 가벼워지다

хөндий 훈디- — 골짜기

хөндлөн 후들럼 — 가로

хөндөлдөх 훈들드흐 — 가로막다

хөндөх 훈드흐 — 건드리다

хөндүүр 훈두-르 — 예민한

хөнжил 훈질 — 이불

хөнөөл 후눌 — 상해

хөнөөх 후누-흐 — 죽이다

хөнтрөх 훈트르흐 — 뒤엎다

хөнхөр 훈흐르 — 볼록

хөө 후- — 그을음

хөөгдөх 후-욱드흐 — 쫓기다

Х

хөөе 어이, 야
후-이

хөөмий 후두
후-미-

хөөр 기쁨
후-르

хөөргөх 날리다
후-르거흐

хөөрөг 코담배 병
후-륵

хөөрөх 날다
후-루흐

хөөрхий 가엾은
후-르히-

хөөрхөн 귀여운
후-르헝

хөөс 거품
후-스

хөөсөнцөр 스티로폼
후-슨추르

хөөх 쫓다
후-흐

хөрвөх 뒹굴다
후르워흐

хөргөгч 냉장고
후르극치

хөргөх 차게 하다
후르그흐

хөрөг 초상
후륵

хөрөлт 냉장
후를트

хөрөнгө 재산
후른거

хөрөнгөтөн 자본가
후른거텅

хөрөө 톱
후러-

хөрөөдөх 톱질하다
후러-더흐

хөрөх 차가워지다
후르흐

хөрс 흙
후르스

хөрөнгө оруулалт 투자
후릉그 어롤랄트

хөрсжих 흙이 되다
후르스지흐

хөрш 이웃
후르쉬

хөсөг 운수
후승

хөсрий 쓰레기
후스리-

хөтлөгч 진행자
후틀럭치

хөтлөлт 진행
후틀롤트

хөтлөх 이끌다
후틀르흐

хөтөлбөр 프로그램
후틀브르

хөх 유방, 파란색, 멍
후흐

хөх толбо 몽골 반점
후흐 털버

хөхөвч 브래지어
후흡치

хөхөө 뻐꾸기
후허-

хөхөх 빨다
후흐흐

хөхрөх 멍들다
후흐르흐

хөхтөн 포유류
후흐텅

хөхүүл 젖먹이
후흐-울

хөхүүлэх 젖먹이다
후흐-레흐

хөшиг 커튼
후식

хөшиглөх 잘게 썰다
후식르흐

хөших 결리다
후시흐

хөшөө 동상
후셔-

хөшүүн 고집이 센
후슈-웅

хөхүүр 마유주를 담는 가죽 부대
후흐-르

христ 그리스도
히리스트

хуанли 달력
환리

хуаран 주둔지, 내무반
화랑

хув 호박
홉

хуваагдагч 나뉨수
호왁닥치

хуваагдах 나누어지다
호왁다흐

хуваагч 제수
호왁치

хуваагдмал 분담
호왁드말

хуваалцах 서로 나누다
호왈차흐

хуваарь 시간표
호와-르

хуваах 나누다
호와-흐

хувийн 개인의
호위-잉

хувилах 복사하다
호윌라흐

хувин 양동이
호윙

хувирал 변화
호위랄

хувирах 변하다
호위라흐

хувиргах 변화시키다
호위르가흐

хувиргаан 라마승
호위르강

хувхай 창백한
호위하이

хувцас 옷
홉차스

хувцаслах 옷을 입다
홉차슬라흐

хувь 몫
홉

хувьд 경우
호위드

хувьсгал 진화
홉스갈

хувьсах	홉사흐	변형되다
хувьсгал	홉스갈	혁명
хувьсгалт	홉스갈트	혁명의
хувьцаа	홉차–	주식
хувьчлал	홉칠랄	사유화
хувьчлах	홉치라흐	사유화하다
хуга	호그	부서지게
хугалах	호갈라흐	부러뜨리다
хугарал	호가랄	굴절
хугарах	호가라흐	깨지다
хугас	호가스	절반
хугацаа	혹차–	기한, 기간
худ	호드	사돈
худаг	호닥	우물
худал	호딸	거짓말
худалдаа	호딸다–	판매
худалдагч	호딸닥치	점원
худалдах	호딸다흐	팔다
худалч	호딸치	거짓말쟁이
хужир	호지르	암염
хуй	호이	회오리바람
хуйв	호입	올가미
хуйлаас	호이라–스	두루마리
хуйлах	호이라흐	말다

х

хуйх 두피
호이흐

хул 사발
홀

хулан 야생 나귀
홀랑

хулгай 도둑질
홀가이

хулгайлах 도둑질하다
홀가일라흐

хулгайч 도둑질
홀가이치

хулгана 쥐
홀강

хулдаас 장판
홀다-스

хулмас 암내
홀마스

хулуу 호박
홀로-

хулс 대나무
홀스

хулхи 귀지
홀히

хулчгар 비겁한
홀치가르

хулчийх 겁먹다
홀치-흐

хумих 오므리다
호미흐

хумс 손톱
홈스

хумслах 꼬집다
홈슬라흐

хун 백조
홍

хунгар 눈 더미
혼가르

хундага 작은 술잔
혼닥

хуниас 주름
호니아스

хунтайж 왕세자
혼타이지

хуншгүй 추한
혼쉬구이

хур 강수
호르

хураагуур 호라-고-르	기록장치
хураагч 호라-익시	세금 징수인
хураалт 호라-알트	수확
хураамж 호리-암지	요금
хураангуй 호라-안고이	요약
хураах 호라-흐	모으다
хурал 호랄	회의
хуралдах 호랄다흐	모이다
хурандаа 호란다-	대령
хурах 호라흐	모이다
хургах 호르가흐	남다
хурд 호르뜨	속도
хурдан 호르땅	빨리
хурдлах 호르뜰라흐	서두르다
хурим 호림	결혼
хуримлах 호림라흐	결혼하다
хуруу 호로-	손가락
хуруувч 호로-옵치	골무
хурц 호르츠	날카로운
хурцадмал 호르차뜨말	팽팽한
хураангуйлах 호라-안고일라흐	요약하다
хуруудах 호로-따흐	가위 바위 보 하다

хурцдах 긴장되다
호르츠다흐

хурцлах 날카롭게 하다
호르츨라흐

хурьцал 성교
호르찰

хурьцах 성교하다
호르차흐

хус 자작나무
호스

хусах 문지르다
호사흐

хутаг 운명
호딱

хутагт 성자
호딱트

хутга 칼
호딱

хутгалах 칼로 찌르다
호트갈라흐

хутгалдах 섞이다
호트갈다흐

хутгах 섞다
호트가흐

хутгуур 국자
호트고-르

хуудас 쪽
호-다스

хууз 구레나룻
호-즈

хуулах 벗기다
호-올라흐

хуулбар 베낌
호-올바르

хуулбарлах 베끼다
호-올바를라흐

хууль 법률
호-올

хуульч 법률가
호-올치

хуульчлах 입법화하다
호-올칠라흐

хуур 악기
호-르

хуурай 건조한
호-레

хуурайлах 갈아주다
호-렐라흐

хуурамч 가짜
호-람치

хуурах 벗겨지다
호-라흐

хуурга 볶음밥
호-락

хуурдах 연주하다
호-르따흐

хуурмаг 거짓
호-르막

хуурцаг 테이프
호-르착

хуурч 악기의 연주자
호-르치

хууч 하순
호-치

хуучин 낡은, 오래된
호-칭

хуучир 호치르
호-치르

хуучрах 낡다
호-치라흐

хуушуур 호쇼르
호-쇼-르

хуцах 짖다
호차흐

хучаас 커버
호차-스

хучилт 포장
호칠트

хучих 덮다
호치흐

хуш 잣나무
호시

хушуу (새)부리, (행정) 도
호쇼-

хуяг 갑옷
호익

хуягт 장갑을 한
호익트

хүдэр 사향노루
후데르

хүж 향
후지

хүзүү 목
후주-

хүзүүвч 목걸이
후주-읍치

X

хүзүүдэх 목을 잡다
후주-데흐

хүй 탯줄
휘

хүйс 배꼽
후이스

хүйт 추위
후이트

хүйтрэх 추워지다
후이트레흐

хүйтэн 추위, 차가운
후이트

хүлхэх 빨아먹다
훌헤흐

хүлцэх 참다
훌체흐

хүлэмж 온실
훌렘지

хүлэх 묶다
훌레흐

хүлээс 묶는 것
훌레-스

хүлээх 기다리다
훌레-흐

хүмүүжил 교육
후무-질

хүмүүжих 교육을 받다
후무-지흐

хүмүүнлэг 인도적인
후뭉릭

хүмүүс 사람들
후무-스

хүн 사람, 인간
훙

хүний бие 신체
후니- 비

хүн ам 인구
훙 암

хүн судлал 인류학
훙 소뜰랄

хүн чулуу 석인상
훙 촐로-

хүнд 무거운
훈드

хүлээлгэх 기다리게 하다
훌렐게흐

хүнд бэрх 훈드 베르흐	고난	хүрздэх 후르즈데흐	삽질하다
хүндлэх 훈들레흐	존경하다	хүртэл 후르텔	까지
хүндрэх 훈드레흐	무거워지다	хүртэх 후르테흐	받다
хүндэт 훈데트	존경하는	хүрхрэх 후르흐레흐	으르렁거리다
хүндэтгэл 훈데트겔	존경	хүрхрээ 후르흐레-	폭포
хүндэтгэх 훈데트게흐	존중하다	хүрэл 후렐	청동
хүнс 훈스	식료	хүрэл медаль 후렐 메달	동메달
хүргэн 후르겡	사위	хүрэлцэх 후렐체흐	충분하다
хүрз 후르즈	삽	хүрэлцээ 후렐체-	충분함
хүргэх 후르게흐			보내다, 바래다주다
хүргүүлэх 후르굴레흐			배달하게 하다
хүржигнэх 후르지그네흐			쾅하고 크게 울리다

хүрэм 후렘	저고리	**хүү** 후-	아들
хүрэн 후렝	밤색	**хүү** 후-	이자
хүрэх 후레흐	도착하다	**хүүдий** 후-디-	가마니
уур хүрэх 오-르 후레흐	화를 내다	**хүүе** 후-이	이봐
хүрээ 후레-	담	**хүүлэгч** 훌렉치	대급업자
хүрээлэн 후렐릉	정원, 연구소	**хүүлэх** 훌레흐	대출하다
хүрээлэх 후렐레흐	테를 치다	**хүүр** 후-르	시체
хүснэгт 후스넥트	표	**хүүрнэх** 후-르네흐	이야기하다
хүсэл 후셀	소원	**хүүхэд** 후-헫	어린이
хүсэлт 후셀트	요청	**хүүхэлдэй** 후-헬데	인형
хүсэх 후세흐	원하다	**хүүхэмсэг** 후-헴섹	바람둥이
ханиад хүрэх 하니아드 후레흐	감기에 걸리다		

хүүхэн 아가씨
후-흥

хүүхэн хараа 눈동자
후-흥 하라-

хүхэр 유황
후헤르

хүч 힘
후치

хүчдэл 압
후치델

хүчил 산
후칠

хүчилтөрөгч 산소
후칠투륵치

хүчин 힘
후칭

хүчин чадал 능력
후칭 차들

хүчирхэг 힘센
후치르헥

хүчлэх 힘쓰다
후치레흐

хүчээр 힘으로
후체-르

хэв 모양
헵

хэвийх 기울리다
헤비 흐

хэвлэгдэх 인쇄하다
헤블렉데흐

хэвлэгч 출판인
헤블렉치

хэвлэл 인쇄
헤블렐

хэвлэх 인쇄하다
헤블레흐

хэвтүүлэх 눕히다
헵툴레흐

хэвтэр 이부자리
헵테르

хэвтэх 눕다
헵테흐

хэвтээ 쓰러진
헵테-

хэвшил 습관
헵실

хэвших 습관이 되다
헵시흐

Х

хэвэгч 반추하는
헤웩치

хэвэл 배, 복부
헤웰

хэвээр 그대로
헤웨-르

хэд 얼마, 몇
헫

хэддүгээр 몇번째
헫두게-르

хэдий 비록 일지라도
헤띠-

хэдийгээр 비록
헤띠-게-르

хэдийд 언제쯤
헤띠-드

хэдийнээ 벌써
헤띠-네-

хэдийнээс 언제부터
헤띠-네-스

хэзээ 언제
헤제-

хэзээд 언제나
헤제-드

хэзээний 벌써
헤제-니-

хэл 혀
헬

хэл шинжлэл 언어학
헬 신질렐

хэлбэр 형태
헬베르

хэлгүй 무언의
헬구이

хлэзүй 문법
헬주이

хэллэг 어구
헬렉

хэлмэгдэл 박해
헬멕델

хэлмэрч 통역관
헬메르치

хэлтэс 부문, 부서
헬테스

хэлхэх 줄에 꿰다
헬헤흐

хэлхээ 묶음
헬헤-

хэлц 어구
헬츠

хэлэлцэгч 토론자
헬렐섹치

хэлэлцэх 토의하다
헬렐체흐

хэлэлцээ 협의
헬렐체-

хэлэлцээр 협정
헬렐체-르

хэлэх 말하다
헬레흐

хэм 도
헴

хэмжигч 계량기
헴직치

хэмжих 측정하다
헴지흐

хэмжүүр 측정 기구
헴주-르

хэмжээ 치수
헴제-

хэмнэлт 절약
헴넬트

хэмнэх 절약하다
헴네흐

хэмх 오이
헤흐

хэмхрэх 망가지다
헴흐레흐

хэмхэрхий 망가진
헴헤르히-

хэмээх 라는
헤메-흐

хэн 누구
헹

хэн боловч 누구든지
헹 벌럽치

хэнээ 정신 이상
헤네-

хэр 얼마나
헤르

хэрсүү 신중한
헤르수-

хэрүүл 말다툼
헤룰

хэрхэвч 결코
헤르헵치

х

хэрхэн 어떻게
헤르헹

хэрхэх 어떻게 하다
헤르헤흐

хэрчим 조각
헤르침

хэрэв 만약
헤렙

хэрэг 일, 업무
헤렉

хэрэггүй 필요 없는
헤렉귀

хэрэглэгч 소비자
헤렉렉치

хэрэглэл 용구
헤렉렐

хэрэглэх 쓰다
헤렉레흐

хэрэгсэл 수단
헤렉셀

хэрэгтэй 필요한
헤렉테

хэрэгцээ 필요
헤렉체-

хэрэм 성벽
헤렘

хэрэм 다람쥐
헤렘

хэрэх 헤매다
헤레흐

хэрээ 까마귀
헤레-

хэрээс 끈
헤레-스

хэсэг 부분
헤섹

хэсэг зуур 잠시
헤섹 조-르

хэсэх 헤매다
헤세흐

хэт 지나친
헤트

хэт авиа 초음파
헤트 아위아

хэт ягаан туяа 자외선
헤트 야강 토야

хэтрэх 헤트레흐	지나치다
хэтэвч 헤텝치	지갑
хэтэрхий 헤테르히–	너무
хэц 헤츠	밧줄
хэцүү 헤추–	어려운
хээ 헤–	무늬
хээгүй 헤–구이	무모한
хээл 헤–엘	수태, 뇌물
хээлтэх 헤엘테흐	새끼를 베다
хээр 헤–르	야외
хядах 햐다흐	학살하다
хязгаар 햐즈가–르	국경
хязгаарлах 햐즈가–를라흐	제한하다
хялайх 할래흐	흘겨보다
хялар 햘라르	사팔눈
хялбар 햘바르	쉬운
хямгадах 햠그다흐	아끼다
хямд 햠드	값이 싼
хямдрах 햠드라흐	가격이 내리다
хаямрал 햐므랄	위기
хямрах 햐므라흐	쇠퇴하다
хямсаа 햠사–	핀셋, 족집게
хямсгар 햠스가르	거만한
хянагч 햐낙치	감독관

хяналт 검사
하날트

хянах 감독하다
햐나흐

хянга 산등성이
향가

хярах 숨다
햐라흐

хяргах 털을 깎다
햐르가흐

хярс 스텝 여우
햐르스

хяруу 서리
햐로–

хясал 방해
햐살

хясах 방해하다
햐사흐

хяслан 차질
햐슬랑

хятад 중국
햐타드

хяхах 억누르다
햐하흐

хяхнах 삐걱거리다
햐흐나흐

Ц

цаа буга 순록
차–복

цаагуур 저쪽으로
치 고 르

цаад 저쪽
차–드

цааз 법령
차–즈

цаазлах 금지하다
차–즐라흐

цаана 저쪽
차–안

цаас 종이
차–스

цаашдаа 앞으로
차–쉬다–

цаашлах 저쪽으로 가다
차–쉴라흐

цав 틈
찹

цавуу 풀
차오–

цавуулаг 끈기 있는
차올락

цавчих 찍다
찹치흐

цаг 시간, 시계
착

цаг агаар 날씨
착 아가–르

цагаа 백내장
차가–

цагаалах 설날을 맞다
차갈라흐

цагаан 흰, 하얀
차강

цагаан сар 설날
차강 사르

цагаатгал 복권
차가–트갈

цагаан толгой 알파벳
차강 털거이

цагаатгах 복위시키다
차가-트가흐

цагаач 이민자
차가-치

цагаачлах 이민하다
차가-칠라흐

цагариг 고리
차그릭

цаггүй 밤낮없이
착귀

цагдаа 경찰
착다-

цагдах 감시하다
착다흐

цагийн ажил 부업
차깅 아질

цаглабар 달력
차글바르

цагчин 시계 수리공
착칭

цадах 배부르다
차다흐

цалиг 옛 이야기
찰릭

цай 차
채

цайвар 연한
채와르

цайлах 차를 대접하다
챌라흐

цайны газар 식당
체니- 가자르

цайр 아연
채르

цайрах 세다
채라흐

цалгих 넘쳐흐르다
찰기흐

цалин 월급
찰링

цам 탈춤
참

цамнах 탈춤을 추다
참나흐

цагийн хуваарь 시간표
차깅 호와-르

цамхаг 참학 — 탑

цамц 참츠 — 셔츠, 상의

цан 찬 — 서리, 성에

цана 찬 — 스키

цаначин 찬칭 — 스키어

цангаа 창가― — 갈증

цангах 창가흐 — 목마르다

цангинах 창기나흐 — 울리다

цар 차르 — 범위

царай 차래 — 안색, 얼굴

царайлаг 차랠락 — 잘생긴

царайчлах 차래칠라흐 — 의지하다

цардах 차르다흐 — 풀을 먹이다

цардуул 차르돌 — 녹말

царс 차르스 — 참나무

царцаа 차르차― — 메뚜기

царцах 차르차흐 — 굳다

цас 차스 — 눈

цасан хүн 차승 훙 — 눈사람

цахилах 차힐라흐 — 번개가 치다

цахилгаан 차힐강 — 전기

цахих 차히―흐 — 번쩍이다

цахлай 차흘래 — 갈매기

цацаг 차착 — (장식)술

цацаглах 차차글라흐	술을 달다
цацал 차찰	고수레
цацах 차차흐	흩뿌리다
цацраг 차츠락	광선
цацраг туяа 차츠락 토야	방사선
цацрах 차츠라흐	빛이 나다
цемент 체멘트	시멘트
цирк 치르크	서커스
циркчин 치르크칭	서커스 배우
цовоо 처워-	활발한
цовхрох 처브히러흐	펄쩍 뛰다
цог 척	불씨
цоглог 처글럭	기운찬
цогтой 척터	위력 있는
цогц 척츠	복합체
цогцолбор 척철버르	단지
цогчин 척칭	예배
цол 철	칭호
цолмон 철멍	금성
цом 첨	트로피
цомог 처먹	앨범
цомхотгох 첨허트거흐	감축하다
цацраг идэвхт 차츠락 이데흐트	방사능의

цонх 청흐	창문	**цохилох** 처힐러흐	맥이 뛰다
цөө 처-	아주	**цохих** 처히흐	치다
цоож 처-지	자물쇠	**цохох** 처허흐	결재를 하다
цоожлох 처-질러흐	잠그다	**цочир** 처치르	충격적인
цоожтой 처-지터	잠근	**цочирдох** 처치르더흐	충격을 받다
цоолох 처-얼러흐	뚫다	**цочих** 처치흐	깜짝 놀라다
цоолтуур 처-얼토-르	펀치	**цочоох** 처처-흐	충격을 주다
цооног 처-넉	시추공	**цөл** 출	사막
цоорох 처-러흐	구멍이 나다	**цөлжилт** 출질트	사막화
цоохор 처-허르	얼룩덜룩한	**цөлжих** 출지흐	사막이 되다
цорго 처럭	꼭지	**цөллөг** 출룩	유배
цох 처흐	딱정벌레	**цөлөгдөх** 출룩드흐	추방되다

245

цөлөх 출르흐	유배하다	**цувах** 초와흐	행하다
цөм 춤	모두	**цуврал** 초으랄	연속
цөөн 충흐	적은	**цуврах** 초으라흐	잇따르다
цөөнх 충흐	소수	**цуг** 촉	같이
цөөрөм 추-름	연못	**цуглаан** 초글라-앙	집회
цөөрөх 추-루흐	적어지다	**цугларах** 초글라라흐	모이다
цөөхөн 추-흥	적게	**цуглах** 초글라흐	모이다
цөс 추스	담	**цуглуулах** 초글롤라흐	모으다
цөхрөх 추흐르흐	단념하다	**цус** 초스	피, 혈액
цөцгий 추츠기-	시큼한 크림	**цуст** 초스트	유혈의
цув 촙	비옷	**цутгах** 초트가흐	붓다
цуваа 초와-	행진	**цуу** 초-	소문

цуулах 쪼개다
초-올라흐

цуурай 메아리
초-래

цуурайтах 메아리 치다
초-래타흐

цуурах 쪼개지다
초-라흐

цуурхал 소문
초-르할

цуут 유명한
초-트

цуутай 간장이 들어간
초-태

цухардах 짜증내다
초하르다흐

цухас 간략히
초하스

цухуйх 일부만 보이다
초회흐

цуцах 지치다
초차흐

цуцлах 취소하다
초츨라흐

цуп 첨벙
춥

цунх 가방
충흐

цуүц 끌
추-츠

цэвлэг 언
체울렉

цэврүү 물집
체우루-

цэвэр 깨끗한
체웨르

цэвэрлэгч 청소부
체웨를렉치

цэвэрлэгээ 청소
체웨를레게-

цэвэрлэх 청소하다
체웨를레흐

цэвэршил 폐경기
체웨르실

цэврүүтэх 물집이 생기다
체우루-테흐

цэвэрших 깨끗하게 되다
체웨르시흐

цэг 지점, 점
첵

цэглэх 점을 찌다
체글레흐

цэгнэх 깊이 생각하다
체그네흐

цэгц 순서
첵치

цэгцлэх 정리하다
첵츨레흐

цэгцрэх 정리되다
첵츠레흐

цэгцтэй 정리된
첵츠테

цэл 매우
첼

цэлгэр 넓은
첼게르

цэлмэг 맑은
첼멕

цэлмэх 개다
첼메흐

цэмбэ 모직
쳄베

цэмцгэр 깔끔한
쳄츠게르

цэнгэг 맑은
쳉겐

цэнгэлдэх 즐기다
쳉겔데흐

цэнгэх 즐기다
쳉세흐

цэнхэр 하늘색
쳉헤르

цэнэг 전기
체넥

цэнэглэгч 충전기
체넥렉치

цэнэглэх 충전하다
체넥레흐

цэр 가래
체르

цэрэг 군대
체렉

цэрд 백악
체르드

цэс 메뉴
체스

цэх 똑바로
체흐

цэцгий 눈동자
체츠기-

цэцэг 꽃
체첵

цэцэглэх 꽃이 피다
체첵레흐

цэцэн 지혜로운
체청

цэцэрлэг 공원
체체를렉

цээж 가슴
체-즈

цээжлэх 외우다
체-즐레흐

цээл 테너
체-엘

цээр 금기
체-르

цээрлүүлэх 처벌하다
체-를룰레흐

цээрлэл 금기
체-를렐

цээрлэх 금기시하다
체-를레흐

Ч

ч 도, 했더라도
치

чавга 대추
차윽

чавганц 노파
차우간치

чавх 고무줄 새총
찹흐

чавхдас 현
찹흐다스

чавхлах 새총을 쏘다
찹흘라흐

чагнаал 경적
차그날

чагнах 경청하다
차그나흐

чадал 힘, 능력
차들

чадалгүй 약한
차들구이

чадалтай 강한
차들태

чадамгай 재능이 있는
차들개

чадах 할 수 있다
차따흐

чадвар 능력
차뜨와르

чадваргүй 능력이 없는
차뜨와르귀

чадвартай 능력이 있는
차뜨와르태

чалчаа 수다쟁이
찰차-

чалчих 수다 떨다
찰치흐

чавдаграх 시간이 걸리다
찹닥라흐

чагнаалдах 경적을 올리다
차그날다흐

чам шиг 너처럼
참 식

чамаар 너로 하여금
차마-르

чамаас 너에게서
차마-스

чамай 간신히
차매

чамбай 정확한
참배

чамин 기괴한, 별난
차민

чамлах 불만족스럽다
참라흐

чамтай 너와 함께
참태

чанад 너머
차나드

чанар 성질
차나르

чанаргүй 질이 안 좋은
차나르귀

чанах 삶다
차나흐

чанга 엄한, 강한
창가

чангаах 끌다
창가-흐

чангалах 죄다
창갈라흐

чангарах 엄하다
창가라흐

чанд 엄격히
찬드

чандмань 보석
찬드만

чанх 바로
창흐

чарга 썰매
차락

чарлах 고함치다
차를라흐

чармаа 벌거벗은
차르마-

чармайлт 노력
차르맬트

чармайх 노력하다
차르매흐

час 매우
차스

чацга 설사
차츠가

чацуу 동갑
차초-

чацуулах 대보다
차촐라흐

чацуу 또래
차초-태

чемодан 여행가방
체모당

ченж 교환인
첸지

чи 너
치

чив 음경
치우

чиг 방향, 쪽
칙

чигжих 막다
칙지흐

чиглүүлэх 방향을 주다
치글룰레흐

чиглэл 방향
치글렐

чиглэх 향하다
치글레흐

чигчлүүр 이쑤시개
칙칠루-르

чигчлэх 쑤시다
칙치레흐

чигээр 똑바로
치게-르

чидун 올리브
치동

чийг 습기
치-그

чийгтэй 축축한
치-그태

чийглэг 습도
치-글렉

чийглэх 축축하게 하다
치-글레흐

чийгшил 습도
칙실

чийдэн 전등
치-등

чийрэг 건강한
치-렉

чийрэгжих 튼튼해지다
치-렉지흐

чилэх 지치다
칠레흐

чилээ 피로
칠레-

чимхүүр 족집게
침후-르

чимхэх 꼬집다
침헤르

чимэг 치장
치멕

чимэглэл 장식
치멕렐

чимэглэх 치장하다
치메글레흐

чимээ 소리
치메-

чимээгүй 조용하다
치메-귀

чимээтэй 시끄럽다
치메-테

чин 진심
칭

чингэлэг 컨테이너
친게렉

чинжүү 고추
친주-

чиний 너의
치니-

чинийх 너의 것
치니-흐

чинь 너의, 네
친

чинээ 재력
치네-

чирэх 당기다
치레흐

чимхүүрдэх 족집게로 잡다
침후-르데흐

чирэгдүүлэх 끌어당기다
치렉둘레흐

Ч

чих 귀
치흐

чихмэл 박제
치흐멜

чихцэлдэх 밀다
치흐첼데흐

чихэвч 귀마개
치헵치

чихэр 사탕, 설탕
치헤르

чихэх 밀어 넣다
치헤흐

чоно 늑대
천

чөдөр 족쇄
추드르

чөдөрлөх 족쇄를 채우다
추드를르흐

чөлөө 여가, 자유
출루-

чөлөөлөлт 해방
출루룰트

чөлөөлөх 해방시키다
출루루흐

чөлөөт 자유
출르-트

чөмөг 골수
추믄

чөтгөр 귀신
추트구르

чулуу 돌
촐로-

чулуудах 돌을 던지다
촐로-다흐

чуулах 소집하다
초올라흐

чуулга 집회
초-올락

чуулган 집회
초-올강

чухал 중요한
초할

чухалчлах 중요시하다
초할칠라흐

чухам 사실
초함

чухамдаа 실제로
초함다-

чүдэнз 성냥
추덴즈

чүү 겨우
추

ш

шаавай 멋있는
샤-웨

шаагих 기민하다
샤-기흐

шаазан 자기
샤-증

шаазгай 까치
샤-즈개

шаар 찌꺼기
샤-르

шаар 풍선
샤-르

шаардах 요구하다
샤-르다흐

шаардлага 요구
샤-르뜰락

шаах 치다
샤-흐

шаахай 샌들
샤-해

шав 샛
샤우

шавар 진흙
샤와르

шавах 회칠하다
샤와흐

шавдах 서두르다
샤와다흐

шавилах 제자가 되다
샤윌라흐

шавхай 수렁
샤위해

шавхах 퍼내다
샤위하흐

шавхруу 찌꺼기
샤우흐로

шавших 물을 끼얹다
샵시흐

шавь 제자
샤우

шавьж 곤충
샤우지

шаг 밀매
샥

шагай 복사뼈
샤가이

шагайх 엿보다
샤가이흐

шагжамуни 석가모니
샥자무니

шагнагдах 상을 받다
샤그낙다흐

шагнал 상
샤그날

шагналтан 수상자
샤그날탕

шагнах 상주다
샤그나흐

шагнуулах 상을 받다
샤그놀라흐

магших 칭찬하다
샥시흐

шад 줄
샤뜨

шадар 가까운
샤따르

шал 바닥
샬

шал 완전히
샬

шалавч 장판
샬란치

шалах 재촉하다
샬라흐

шалба 흠뻑
샬바

шалбалах 긁다
샬발라흐

шалгаах 떼를 쓰다
샬가-흐

шалгагч 시험관
샬각치

шалгалт 시험
샬갈트

шалгарах 통과하다
샬가라흐

шалгах 시험하다
샬가흐

шалгуулах 시험을 보다
샬골라흐

шалгуур 기준
샬고-르

шалдлах 샬뜰라흐	발가벗다	**шамдах** 샴다흐	노력하다
шалз 샬즈	진드기	**шамлах** 샴라흐	걷다
шалз 샬즈	푹	**шампань** 샴판	샴페인
шалзлах 샬즐라흐	푹 삶다	**шамрах** 샴라흐	걷어 올려지다
шалиг 샬릭	방탕한	**шамрага** 샴락	눈보라
шалиглах 샬릭라흐	타락하다	**шамшигдал** 샴식달	횡령
шалмаг 샬막	재빨리	**шамшийх** 샴시-흐	찌그러지다
шалтаг 샬탁	핑계	**шан** 샹	사례금
шалтаглах 샬탁라흐	핑계를 대다	**шанаа** 샤나-	광대뼈
шалтгаан 샬트강	원인	**шанага** 샤낙	국자
шалтгаалах 샬트갈라흐	근거하다	**шаналах** 샤날라흐	고민하다
шамбарам 샴바람	치질	**шаналгаа** 샤날가-	괴로움

шанд 샨드 — 셈

шандас 산나스 — 체력

шанз 샨즈 — 샨즈

шантрах 샨드리흐 — 좌절하다

шанх 샨흐 — 구레나룻

шанцай 샨차이 — 상추

шар 샤르 — 황색, 노란

шар айраг 샤르 아이락 — 맥주

шар арьстан 샤르 아리스탕 — 황인종

шарах 샤라흐 — 튀기다

шарвах 샤르와흐 — 흔들다

шаргуу 샤르고- — 끈덕진

шарз 샤르즈 — 증류주, 코냑

шарил 샤릴 — 시체

шарлага 샤를락 — 일광욕

шарлах 샤를라흐 — 노래지다

шарх 샤르흐 — 상처

шархлах 샤르흘라흐 — 부상을 입다

шархтан 샤르흐탕 — 부상자

шархтах 샤르흐타흐 — 부상당하다

шат 샤트 — 사다리, 계단

шатаах 샤타-흐 — 태우다

шаталт 샤탈트 — 연소

шатар 샤타르 — 장기

шатах 샤타흐	타다
шатахуун 샤타호-옹	연료
шахалдах 샤할다흐	붐비다
шахалт 샤할트	압력
шахам 샤함	가까이
шахах 샤하흐	뻔하다
шахмал 샤흐말	압축한
шашин 샤싱	종교
швейцар 스웨체르	스위스
швед 스웨드	스웨덴
шившэх 쉽쉐흐	속삭이다
шивнээ 쉬우네-	속상임
шиврэх 쉬우레흐	이슬비가 내리다
шивүүр 쉬우-르	송곳
шившиг 쉽식	수치
шившигт 쉽식트	수치스러운
шивших 쉽시흐	주문을 걸다
шившлэг 쉽쉬렉	주문
шивэгчин 시웩칭	하녀
шивэр 시웨르	발 냄새
шивэх 시웨흐	찌르다
шивээс 시웨-스	문신
шиг 식	같은, 처럼
шигдэх 식데흐	빠지다

шигтгэмэл 세공한
식트게멜

шигүү 치밀한
시구-

шигших 선발하다
식시흐

шигшмэл 선발한
식시멜

шигшүүр 체
식슈-르

шид 마법
시뜨

шидтэн 마법사
시뜨텡

шидэлт 던지기
실렐트

шидэх 던지다
시떼흐

шижгэнэх 착집하다
시지게네흐

шижим 실마리
시짐

шижир 정제된
시지르

шийгуа 수박
시-괴

шийдвэр 결정
시-뜨웨르

шийдэх 결정하다
시-떼흐

шийтгэл 벌
시-트겔

шийтгэх 벌을 주다
시-트게흐

шил 유리, 병
실

шилбүүр 채찍
실부-르

шилбэ 정강이
실베

шилдэг 뛰어난
실떽

шилжилт 전환
실질트

шилжилтийн нас 사춘기
실질팅 나스

шилжих 옮기다
실지흐

шилжүүлэг 양도, 송금
실줄렉

шилжүүлэх 옮기다
실줄레흐

шиллэх 유리를 끼우다
실레흐

шилмүүс 가시
실무-스

шилмэл 선발된
실멜

шилэн аяга 유리컵
실렝 아약

шилэлт 선발
실렐트

шилэх 고르다
실레흐

шим 자양
심

шимтэй 비옥한
심테

шимэх 빨다
시메흐

шингэдэх 묽게 되다
신게떼흐

шингэлэх 묽게 하다
신겔레흐

шингэн 액체
신긍

шингэн 묽은
신긍

шингэх 지다
신게흐

шингэх 소화
신게흐

шингээгч 소화제
신겍치

шингээх 흡수하다
신게-흐

шинж 특징
신지

шинжилгээ 검사
신질게-

шинжих 검사하다
신지흐

шинжлэл 학
신질렐

шинжлэх 조사하다
신질레흐

шинжлэх ухаан 과학
신질레흐 오항

шинжтэй 것 같다
신지테

шинжээч 조사인
신제-치

шинэ 새로운, 새
신

шинэчлэл 혁신
신칠렐

шинэчлэх 새롭게 하다
신칠레흐

шир 가죽
시르

ширвэх 채찍질하다
시르웨흐

ширгэх 마르다
시르게흐

ширгээх 말리다
시르게-흐

ширтэх 응시하다
시르테흐

ширүүн 거친, 사나운
시룽

ширхэг 낱개
시르헥

ширэлдэх 헝클어지다
시렐데흐

ширэх 꿰매다
시레흐

ширээ 책상
시레-

шиш 수수
시쉬

шкаф 장롱
쉬카프

шовх 뾰족한
셔우히

шог 풍자의
셕

шоглол 놀림
셔글럴

шоглох 놀리다
셔글러흐

шодой 페니스
셔더이

шодолт 셔떨트	제비뽑다	**шорон** 셔렁	감옥
шодох 셔떠흐	제비뽑다	**шороо** 셔러-	흙
шолбойх 셜버이흐	흡뻑 젖다	**шоу** 쇼	쇼
шоо 셔-	주사위	**шохой** 쇼호이	석회
шонхор 셩허르	매	**шохоорхол** 셔허-르헐	호기심
шоолох 셜러흐	비웃다	**шошго** 쇼식	상표
шор 셔르	꼬치	**шөвгөр** 셔우거르	고깔 모양
шорвог 셔르웍	짠	**шөвөг** 셔웍	송곳
шоргоолж 셔르골지	개미	**шөл** 슐	국, 수프
шорлог 셔를럭	꼬치구이	**шөнө** 순	밤, 야간
шорлох 셔를러흐	꿰다	**шөнөжин** 순징	밤새

шороон шуурга 먼지바람
셔러-엉 쇼-락

шөргөөх 비비다
슈르그-흐

шөрмөс 힘줄
슈르무스

шувтлах 벗기다
숍트라흐

шувтрага 끝
숍트락

шувуу 새, 조류
쇼워-

шугам 자
쇼감

шугамлах 선을 긋다
쇼감라흐

шударга 공정한
쇼뜨락

шулам 마녀
숄람

шулмас 마녀
숄마스

шулуудах 결심하다
숄로다흐

шулуун 곧은, 직선의
숄롱

шулуутгах 곧게 하다
숄로트가흐

шумбах 작수하다
솜바흐

шумуул 모기
쇼물

шунаг 음탕한
쇼닉

шунал 욕심
쇼날

шунах 탐내다
쇼나흐

шунахай 탐욕스러운
쇼나하이

шургах 침투하다
쇼르가흐

шургуу 근면한
쇼르고-

шургуулга 서랍
쇼르골락

шуу 팔뚝
쇼-

шуугиан 소음
쇼-기앙

шуугих 시끄럽다
쇼-기흐

шууд 곧바로, 직접
쇼-드

шуудаг 쇼닥
쇼-닥

шуудай 자루
쇼-다이

шуудан 우편
쇼-당

шууданч 우체부
쇼-단치

шуудрах 곧장 가다
쇼-뜨라흐

шуудуу 도랑
쇼-도-

шуурах 휘몰아치다
쇼-라흐

шуурга 돌풍
쇼-락

шуурхай 빠른
쇼-르해

шуух 걷어 올리다
쇼-흐

шушмаа 철부자
쇼시마-

шүгэл 호루라기
슈겔

шүд 이빨, 이
슈드

шүдлэх 이빨이 나다
슈들레흐

шүдний оо 치약
슈드니- 어-

шүдний сойз 칫솔
슈드니- 서이쯔

шүлс 침
슐스

шүлтлэг 알칼리성
슐틀렉

шүлэг 시
슐렉

шүлэгч 시인
슐렉치

шүдний чигчлүүр 이쑤시개
슈드니- 칙출루-르

шүргэх 슈르게흐 — 스치다

шүршигч 슈르식치 — 분무기

шүрших 슈르시흐 — 뿌리다

шүршүүр 슈르슈-르 — 샤워

шүтлэг 슈틀렉 — 신앙

шүтэлцээ 슈텔체- — 상호 관계

шүтээн 슈테-엥 — 우상

шүтэх 슈테흐 — 믿다

шүү 슈- — 초석

шүү 슈- — 종결어미

шүүгдэгч 슈-욱덱치 — 피고인

шүүгдэх 슈-욱데흐 — 재판을 받다

шүүгч 슈-욱치 — 판사

шүүгээ 슈-게 — 찬장

шүүдэр 슈-데르 — 이슬

шүүлт 슈-울트 — 판정

шүүлэг 슈-울렉 — 구두시험

шүүмж 슈-움지 — 비판

шүүмжлэгч 슈-움질렉치 — 비평가

шүүмжлэл 슈-움질렐 — 비판

шүүмжлэх 슈-움질레흐 — 비판하다

шүүр 슈-르 — 빗자루

шүүрдэх 슈-르데흐 — 비질하다

шүүрс 슈-르스 — 한숨

шүүрэх 잡아채다
슈-레흐

шүүс 액, 주스
슈-스

шүүсдэх 즙을 짜내다
슈-스데흐

шүүх 법원
슈-흐

шүүх 재판하다
슈-흐

шүхэр 우산
슈헤르

шээрэн 오줌싸개
쉐-렝

шээс 오줌
쉐-스

шээх 오줌 누다
쉐-흐

Э

эв 화합
에우

эвгүй 불편함
에브구이

эвгүйдэх 곤란해지다
에브구이데흐

эвгүйтэх 불쾌하다
에브구이테흐

эвдлэх 부수다
엡들레흐

эвдрэл 파손
엡드렐

эвдрэх 고장 나다
엡드레흐

эвдрэх 절교하다
엡드레흐

эвдэгч 파괴자
엡덱치

эвдэх 파괴하다
엡데흐

эви 아유
에위

эвийлгэх 동정하다
에윌 게흐

эвлүүлэг 편집
에블룰렉

эвлүүлэх 맞추다
에블룰레흐

эвлэг 유순하다
에블렉

эвлэл 연맹
에블렐

эвлэлдэх 연합하다
에블렐데흐

эвлэрэл 화해
에브레렐

эвлэрэх 화해하다
에브레레흐

эвлэх 조화를 이루다
에블레흐

эволюц 진화
에벌료치

эврэх 마르다
에브레흐

эврээх 에브레-흐	말리다
эвсэл 엡셀	연합
эвсэх 엡세흐	연합하다
эвтэй 엡테	사이좋은
эвтэйхэн 엡테헹	편안한
эвхмэл 에브흐멜	접는
энхрэх 엥흐레흐	응크리다
эвхэх 에브헤흐	접다
эвшээх 엡쉐-흐	하품하다
эвэр 에웨르	뿔
эгдүүтэй 엑두-테	귀여운
эгдүүцэл 엑두-첼	싫증
эгдүүцэх 엑두-체흐	싫증나다
эгзэг 엑젝	결함
эгнэх 에그네흐	줄을 짓다
эгнээ 에그네-	줄
эгц 엑치	똑바로
эгцлэх 엑칠레흐	똑바로 하다
эгч 에그치	누나, 언니
эгчмэл 에그치멜	연상의
эгшиг 엑식	선율
эгэл 에겔	평범한
эгэм 에겜	쇄골
эгээ 에게-	하마터면

эд 물건
에드

эд нар 이들
에드 나르

эд эс 세포
에드 에스

эдийн засаг 경제
에디-잉 자삭

эдийн засагч 경제인
에디-잉 자삭치

эдгэрэх 회복하다
에뜨게레흐

эдгэх 회복하다
에뜨게흐

эдгээр 이들
에뜨게-르

эдгээх 치료하다
에뜨게-흐

эдлэл 제품
에뜨렐

эдлэх 이용하다
에뜨레흐

эдүгээ 현재의
에뚜게-

эдэлбэр 보유
에델베르

эдэлгээ 이용
에델게-

эе 평화
에이

эелдэг 친절한
에일덱

эерэг 긍정적인
에이렉

эз 불행
에즈

эзгүй 아무도 없는
에즈귀

эзгүйрэх 황무지가 되다
에즈귀레흐

эзлэгч 점령자
에즐렉치

эзлэх 점령하다
에즐레흐

эзэгнэх 점유하다
에젝네흐

эзэгтэй 부인
에젝테

эзэмдэх 사로잡다
에젬데흐

эзэмшигч 소유권
에젬식치

эзэмшил 소유
에젬실

эзэмших 점유하다
에젬시흐

эзэн 주인
에젱

эзэрхэг 독재적인
에제르헥

экспорт 수출
엑스퍼르트

эл 모든
엘

элбэг 풍부한
엘벡

элбэгдэх 풍성하다
엘벡데흐

элбэгших 풍부해지다
엘벡시흐

элбэнх 너구리
엘벤흐

элбэх 협력하다
엘베흐

элдвээр 여러가지로
엘드웨-르

элдэв 다양한
엘뎁

элдэх 무두질하다
엘데흐

электрон 전자
엘렉트렁

элемент 원소
엘레멘트

элий балай 쓸데없는
엘리- 발레

элс 모래
엘스

элсэгч 입학생
엘섹치

элсэлт 입학
엘셀트

элсэн цөл 모래사막
엘승 출

элсэн чихэр 설탕
엘승 치헤르

элсэх 엘세흐	입학하다	**элэгтэй** 에렉테	사랑하는
элч 엘치	시신	**элэнц** 엘렌츠	고조부모
элчин 엘칭	대사	**элээ** 엘레-	솔개
элчин сайд 엘칭 세드	대사	**элээх** 엘레-흐	닳게 하다
элэг 엘렉	간	**эм** 엠	여자
элэгдэл 엘렉델	부식	**эм** 엠	약
элэгдэх 엘렉데흐	닳다	**эмгэг** 엠겐	질환
элэглэл 엘렉렐	비꼼	**эмгэнэл** 엠게넬	슬픔
элэглэх 엘렉레흐	비꼬다	**эмгэнэлт** 엠게넬트	애처로운
элэгсэг 엘렉섹	다정한	**эмгэнэх** 엠게네흐	애도를 표하다

элчин сайдын яам
엘칭 세딩 얌
대사관

элэгдэл хорогдол
엘렉델 허럭덜
감가상각

э

эмжээр 끝단
엠제-르

эмзэг 민감한
엠젝

эмийн жор 처방전
에밍 저르

эмийн сан 약국
에밍 상

эмийн санч 약국
에밍 산치

эмийн ургамал 약초
에밍 오르가말

эмнүүлэх 치료를 받다
엠눌레흐

эмнэлэг 병원
에밀렉

эмнэх 치료하다
엠네흐

эмтлэх 흠을 내다
엠틀레흐

эмтрэх 흠나다
엠트레흐

эмх журам 질서
엠흐 조람

эмх цэгц 정리
엠흐 첵치

эмхлэх 정리하다
엠흘레흐

эмхрэх 체계 있다
엠흐레흐

эмхтгэл 선집
엠흐트겔

эмхтгэх 수집하다
엠흐트게흐

эмч 의사
엠치

эмчилгээ 치료
엠칠게-

эмчлүүлэх 치료받다
엠치룰레흐

эмчлэх 치료하다
엠칠레흐

эмэг 조모
에멕

эмэгтэй 여자
에멕테

эмэгтэйчүүд 여자들
에멕테추-드

э

эмэгчин 암컷
에멕칭

эмээ 할머니
에메-

эмээл 안장
에멜

эмээллэх 안장을 얹다
에멜레흐

эн 같은
엥

энгийн 보통의
엥깅

энгэр 앞섶
엔게르

энд 여기에
엔드

эндүү 실수
엔두-

эндүүрэл 착오
엔두-렐

эндэх 이곳의
엔데흐

эндэх 실수하다
엔데흐

эндэх 죽다
엔데흐

энерги 에너지
에네르기

энтээ 이쪽에
엔테-

энх 평화
엥흐

энхрий 사랑 받는
엥흐리-

энэ 이
엔

энэлэл 슬픔
에느렐

энэлэх 슬퍼하다
에느레흐

энэрэл 자비
에느렐

энэрэнгүй 자비로운
에느렝구이

энэрэнгүй үзэл 휴머니즘
에느렝구이 우젤

энэрэх 동정하다
에네레흐

энэхүү 이, 이런
엔후-

энэтхэг 인도
에네트헥

эр 남자
에르

эрвээхэй 나비
에르웨-헤

эргүүл 순찰
에르굴

эргүүлэх 돌리다
에르굴레흐

эргэлдэх 회전하다
에르겔데흐

эргэлзэх 망설이다
에르겔제흐

эргэлзээ 망설인
에렐제-

эргэлт 회전
에르겔트

эргэх 돌다
에르게흐

эргэцүүлэл 반성
에르게추-렐

эргэцүүлэх 반성하다
에르게출레흐

эрдүү 남성적인
에르두-

эрдэм 교육, 교양
에르뎀

эрдэмтэй 교양 있는
에르뎀테

эрдэмтэн 학자
에르뎀텡

эрдэнэ 보물
에르데네

эрдэнэ шиш 옥수수
에르데네 시쉬

эрдэс 광물
에르데스

эрдэх 자부심을 갖다
에르데흐

эр эмийн ёс 남녀 예절
에르 에밍 여스

эрин 에링	시대	**эрүү шүүлт** 에루- 슈-울트	고문
эрлийз 에를리-즈	혼혈	**эрүүлэх** 에룰레흐	고문하다
эрлэг 에를렉	원수	**эрүүл** 에루-울	건강한
эрмэлзэл 에르멜젤	열망	**эрүүл мэнд** 에룰 멘드	건강
эрмэлзэх 에르멜제흐	열망하다	**эрүүлжих** 에룰지흐	건강하게 되다
эрс 에르스	단호한	**эрх** 에르흐	권리, 자격
эрсдэх 에르스데흐	사망하다	**эрх мэдэл** 에르흐 메델	권력
эрт 에르트	일찍	**эрх тэгш** 에르흐 텍쉬	평등
эртний 에르트니-	옛날의	**эрх чөлөө** 에르흐 출러-	자유
эртхэн 에르트헹	일찍	**эрхбиш** 에르흐비쉬	모름지기
эртээр 에르테-르	지난번에	**эрхгүй** 에르흐구이	저절로
эрүү 에루-	턱	**эрхий** 에르히-	엄지

эрхлэгч 에르흘렉치	책임자	**эрчлэх** 에르칠레흐	꼬다
эрхлэх 에르흘레흐	일을 하다	**эршүүд** 에르-슈-드	강직한
эрхлэх 에르흘레흐	응석부리다	**эрэг** 에렉테	강가
эрхтэн 에르흐텡	기관	**эрэгтэй** 에렉테	남자
эрхшээл 에르흐셰-엘	통치	**эрэгчин** 에렉칭	수컷
эрхшээх 에르흐셰-흐	지배하다	**эрэл** 에렐	수색
эрхэм 에르헴	귀한	**эрэлт** 에렐트	수요
эрхэмлэх 에르헴레흐	존중하다	**эрэлхэг** 에렐헥	용감한
эрхэмсэг 에르헴섹	존경하는	**эрэмбэ** 에렘베	순서
эрч 에르치	활기	**эрэмгий** 에렘기-	용감한
эрчим 에르침	활동력	**эрэмдэг** 에렘덱	불구의
эрчим хүч 에르침 후치	에너지	**эрэх** 에레흐	찾다

эрээ 제지
에레-

эрээлжлэх 얼떨떨하다
에레지레흐

эрээн 알록달록한
에렝

эрээчих 낙서하다
에레-치흐

эс 세포
에스

эс 아니, 안, 못
에스

эсвэл 아니면
에스웰

эсгий 펠트
에스기-

эсгүүр 마름질
에스구-르

эсгэх 재단하다
에스게흐

эсрэг 반대의
에스렉

эст 세포가 있는
에스트

эсэргүүцэл 저항
에세르구-첼

эсэргүүцэх 저항하다
에세르구-체흐

эсэргэнэ 발진
에세르겡

эсэх 시다
에세흐

эсээ 에세이
에세-

этгээд 즉
에트게-드

этгээд үг 은어
에트게-드 욱

эх 어머니, 모
에흐

эх бичиг 본문
에흐 비칙

эх зах 질서
에흐 자흐

эх орон 조국
에흐 어렁

эх оронч 애국자
에흐 어렁치

э

эх хэл 모국어
에흐 헬

эхлэл 시작
에흘렐

эхлэн 부터
에흘렝

эхлэх 시작하다
에흘레흐

эхлээд 먼저
에흘레-드

эхний 처음의
에흐니-

эхнэр 아내, 부인
에흐네르

эхэн 초, 초순
에헹

эцсийн 마지막
에츠시-잉

эцэг 아버지, 부친
에첵

эцэг өвгөд 조상
에첵 우브긍

эцэх 피곤하다
에체흐

эцэс 끝
에체스

эцэслэх 끝나다
에체슬레흐

эцэх 지치다
에체흐

эчнээ 몰래
에치네-

ээ (감탄사) 에이
에-

ээ балар 아차
에- 발라르

ээ дээ 글쎄
에- 데-

ээ харла 저런
에- 하를라

ээ чааваас 거참
에-차-와-스

ээдрэх 꼬이다
에-뜨레흐

ээдрээ 혼란
에-뜨레-

ээдэх 엉기다
에-데흐

ээж 에-찌	어머니, 모	
ээл 에-엘	행복	
ээлж 에-엘지	순서	
ээлжилт 에-엘질트	정기의	
ээмэг 에-멕	귀거리	
ээрмэл 에-르멜	방적	
ээрүү 에-루-	말더듬는	
ээрүүл 에-루-울	실타래	
ээрэгч 에-렉치	방적기	
ээрэх 에-레흐	말을 더듬다	
ээх 에-흐	쬐다	

Ю

юан 원
요안

юань 원
요안

юм 것, 일
윰

юмс 만물
윰스

юмсан 었다
윰상

юу 무엇
요-

юу 요?, 까?
요-

юунд 왜?
요은드

юуны 무엇의
요-니-

юуны өмнө 우선
요-니- 우믄

юутай 무엇을 가지고
요태

юутай ч 무엇보다도
요태 치

юуган 자신의
요-가-앙

юухан 별 것 아닌
요-항

юулуур 깔때기
율-루-르

юулэх 붓다
유-울레흐

юутай ч атугай 아무튼
요태 치 아토개

Я

яав 왜, 어떻게
야우

явал 어쩌면
야왈

явач 결코
야와치

яагаав 왜, 무슨
야가-브

яагаад 왜
야가-드

ядаг 어찌
야딱

яаж 어떻게
야찌

ялтай 어쩌죠
얄태

ям (행정)부
얌

ямай 그렇다 치고
야매

яна 어떻게 해요
야나

яралтгүй 천천히
야랄트귀

яаралтай 급한
야랄태

яарах 서두르다
야라흐

яармаг 박람회
야르막

яаруу 조급한
야로-

яа яа (감탄사) 야 야
야 야

яалаа гэж 그릴 리가 없어요
얄라- 게

яаравчлан 서둘러, 급히
야랍칠랑

яаруулах 야롤라흐	재촉하다	**явдал** 야우딸	행동
яасан 야상	어떻게	**явдалтай** 야우딸태	걷는
яатуу 야토-	놈	**явуул** 야올	보행하는
яах 야흐	어떻게 하다	**явуулагч** 야올락치	발신자
яахаараа 야하-라-	왜	**явуулах** 야올라흐	보내다
яахав 야합	당연히	**явууллага** 야롤락	추진
яв цав 얍 찹	딱	**явуут** 야오-트	가자마자
яваандаа 야완다-	앞으로	**явц** 얍츠	과정
явагдах 야왁다흐	진행되다	**явцуу** 얍초-	좁은
явах 야와흐	가다	**явцуурах** 얍초라흐	치우치다
явгалах 야브갈라흐	걸어가다	**яг** 약	바로
явган 야브강	도보의	**яг таг** 약 탁	꼭 맞은

ягаан 연분홍색
야강

ягаарах 분홍빛이 나다
야가-라흐

ягжгар 땅딸막한
약지가르

ягштал 정확하게
약쉬탈

ядаж 적어도
야다찌

ядаргаа 피로
야따르가-

ядаргаатай 짜증나는
야따르가-태

ядарсан 피곤한
야따르상

ядах 꺼리다
야따흐

ядахдаа 하필
야따흐다-

ядмаг 약한
야뜨막

ядрах 피곤하다
야뜨라흐

ядуу 가난
야또-

ядуурах 가난해지다
야또-라흐

ядуус 빈민
야또-스

яз 힘껏
야즈

язгуур 뿌리, 근본
야즈고-르

язмагтах 응고가 되다
야즈막타흐

язралт 찰과상
야즈랄트

яйрах 박살나다
야이라흐

ял 처벌
얄

ялаа 파리
얄라

ялагдал 패배
얄륵달

ялагдах 지다
얄륵다흐

Я

ялагч 얄락치	승리자
ялалт 얄랄트	승리
ялангуяа 얄릉고야	특히
ялах 얄라흐	이기다
ялгаа 얄가–	차이
ялгавар 얄가와르	구분
ялгагдах 얄각다흐	구분되다
ялгах 얄가흐	구별하다
ялгуун 얄공	온순한
ялдам 얄담	친절한
ялдамхан 얄담항	정중한
ялз 얄즈	푹

ялзрал 얄즈랄	부패
ялзрах 얄즈라흐	썩다
ялимгүй 얄름귀	사소한
яллагч 얄락치	검사
яллах 얄라흐	벌을 주다
ялтан 얄탕	죄인
ямаа 야마–	염소
ямагт 야막트	항상
ямар 야마르	어떠한, 어떤
ямартаа 야마르타–	오죽하면
ямба 얌바	특권
ямбалах 얌발라흐	특혜를 누리다

янаг 애정의
야낙

янаглал 사랑
야나글랄

янаглах 사랑에 빠지다
야나글라흐

янгиа 가냘픈
양기아

янгинах 쑤시다
양기나흐

янгир 산양
양기르

яндан 굴뚝
얀등

янз 형태
얀즈

янзлах 수리하다
얀즐라흐

янтай 벼루
양태

янтгар 거만한
얀트가르

янхан 매춘부
양항

янхигар 수척한
양히가르

янхийх 여위다
양히-흐

япон 일본
야퐁

яр 헌데
야르막

яраглах 신음하다
야락라흐

ярах 젖히다
야라흐

ярвиг 부담감
야르윅

ярга 도살
야락

яргачин 도살자
야락칭

яргай 산사나무
야르가이

яргалах 도살하다
야르갈라흐

ярзайх 이를 드러내다
야르재흐

я

ярзгар 이를 드러내는
야르즈가르

яриа 이야기 , 대화
야리아

ярилцах 대화하다
야릴차흐

ярилцлага 대담 , 면접
야릴츨락

яриулах 말하게 하다
야리올라흐

ярих 이야기하다
야리흐

яруу 맑은
야로-

яруу найраг 시
야로- 내락

яруу найрагч 시인
야로- 내락치

яршиг 방해
야르식

яс үндэс 국적
야스 운데스

ясжих 뼈가되다
야스지흐

яснаасаа 본질적으로
야스나-사-

ясны 타고난
야스니-

яст мэлхий 거북의
야스트 멜히-

ястан 민족
야스탕

ятга 가야금
야딕

ятгалга 설득
야트갈락

ятгах 설득하다
야트가흐

яхир 엄한
야히르

яхирлах 까다롭게 굴다
야히를라흐